Marianne Fuchs

# Geschichten aus Hattenhofen

## Frauen erzählen
## von früher und heute

Manuela Kinzel Verlag

## Impressum:

Vermerk zu den Fotos: Sämtliche Fotos sind aus Privatbesitz, außer S. 10 Foto aus: Emil Walter, Hattenhofer Bilderbogen, 1984

und S. 33 Foto aus: Emil Walter, Heimatbuch Hattenhofen, 1975

Die Jahreszahl im Inhaltsverzeichnis nennt das Jahr, in welchem selbiger Beitrag in „Evangelischer Gemeindebrief Hattenhofen" erschien.

**Manuela Kinzel Verlag**

73037 Göppingen
Tel. 07165 / 929 399

info@manuela-kinzel-verlag.de
www.manuela-kinzel-verlag.de

ISBN 978-3-95544-185-2

# Inhalt

## 3. Geschichten von engagierten Frauen heute  58

## Grußwort

Wie so viele andere Gemeinden hat sich Hattenhofen von einem bäuerlich geprägten Dorf zu einer modernen Gemeinde entwickelt. Während nach dem Krieg noch beinahe jede Familie Landwirtschaft betrieben hat, gibt es heute nicht einmal mehr eine Handvoll Bauernhöfe. Die eingesessenen Familien von ehemals sind heute in der Minderheit.

Die heutige Gemeinde wird geprägt von vielen, die im Laufe der Jahre zugezogen sind, die „Reingeschmeckten", die in den zahlreichen Neubaugebieten ein Zuhause gefunden haben. Und die allermeisten, die hierher in die schöne Voralbgemeinde gezogen sind, bleiben auch hier. Und manche von ihnen engagieren sich in den verschiedenen örtlichen Vereinen oder den Kirchen, teilweise schon seit Jahrzehnten.

Es sind die Menschen, die Alteingesessenen und die Reingeschmeckten, die unsere Gemeinde beleben und sie lebenswert machen. Von ihnen ist in diesem Büchlein, das über viele Jahre entstanden ist, die Rede. Das, was sie ausmacht, wie sie ankamen, wie sie heimisch wurden, wird hier dargestellt.

Marianne Fuchs, selbst eine Zugezogene, hat sie kennengelernt und persönlich befragt. Ein besonderes Anliegen von ihr war es dabei, dass Frauen zu Wort kommen. Daher handeln die Berichte ausnahmslos von Frauen. So entstanden die „Geschichten aus Hattenhofen", die jahrelang, bis heute, in die dreimal im Jahr erscheinenden Gemeindebriefe der Evangelischen Kirchengemeinde aufgenommen wurden. Ein kleiner Schatz unserer Kirchengemeinde, der nun in gesammelter Form der Öffentlichkeit zur Verfügung gestellt wird.

Ich danke Marianne Fuchs herzlich und wünsche allen Leserinnen und Lesern viel Vergnügen.

*Die Ägidius-Stelen von Ingrid Bögel an der Ev. Ägidiuskirche*

Pfarrer Andreas Vix

## Grußwort

Sehr geehrte Leserinnen und Leser,

Geschichten sind der Schatz jeder Gemeinschaft – sie verbinden Generationen, bewahren Erinnerungen und geben uns Einblicke in das Leben, das uns geprägt hat. Mit diesem „Büchlein" halten wir genau solche Schätze in den Händen. Es sind Erzählungen der Frauen unserer Gemeinde, die uns ein lebendiges Bild von Hattenhofen vermitteln, wie es früher war und wie es sich bis heute entwickelt hat.

Die Frauen, die in diesem Buch ihre Geschichte teilen, stehen für Generationen, die unsere Gemeinde geprägt haben. Ihre Erinnerungen erzählen von einem Alltag, der oftmals von harter Arbeit, von familiärem Zusammenhalt und von der Stärke geprägt war, die nötig ist, um Herausforderungen zu meistern. Gleichzeitig berichten sie von Freude, Gemeinschaft und den besonderen Momenten, die das Leben bereichern.

Diese Geschichten sind nicht nur eine Hommage an die Vergangenheit, sondern auch ein Spiegel der Veränderungen, die unser Leben bis heute formen. Die Frauen von Hattenhofen erzählen von einem Dorf, das sich mit der Zeit gewandelt hat – von Traditionen, die bewahrt wurden und von neuen Wegen, die beschritten werden mussten.

Mögen die Geschichten, die hier „versammelt" sind, Anstoß geben zum Nachdenken, zum Erinnern und zum Weitererzählen.

Ihr

Jochen Reutter

Bürgermeister

*Ortsschild*

# 1. Geschichten aus dem bäuerlichen Hattenhofen

Liebe Leserinnen, liebe Leser!

Wie haben die Menschen früher in Hattenhofen gelebt?

Das war Thema im Sachkundeunterricht der 2. Klasse.

Leas Oma Inge Reyher erzählte so lebhaft, dass nicht nur die Kinder hingerissen waren, sondern auch ich als Lehrerin in Hattenhofen.

Wären diese alten Geschichten nicht auch etwas für unseren Evangelischen Gemeindebrief?

So begann ich ab 2009, Frauen aus Hattenhofen zu bitten, aus ihrem „Aufwachsen" und dem Leben früher hier im Dorf zu erzählen. Was dabei alles aus weiblicher Sicht zutage kam! Denn die Geschichten der Männer, der Verantwortlichen in der Gemeinde, waren eher bekannt.

Wir hatten viel Freude bei diesen Treffen!

Es entstand keine systematische Sammlung, sondern zufällig bunt zusammengewürfelte Geschichten, die beliebig weiter ergänzt werden könnten.

Wie wichtig das Erlnnern war, zeigt sich auch daran, dass viele dieser Erzählerinnen schon nicht mehr leben.

Aber durch ihre Geschichten bleiben sie bei uns! Dafür danken wir ihnen!

Marianne Fuchs

## Winterfreuden

„Schlitten fahren konnte man da! Wir haben uns ganz oben im Ort getroffen, wo es nach Albershausen und Schlierbach geht. Man ist runtergefahren bis unten hin an die Kreuzung. Da hat man zwei Schlitten zusammengebunden, einer hat vorne geleitet mit den Schlittschuhen, man ist in den Schlitten reingelegen, und unten hat er sich gedreht. Die Straße ist ja nicht geräumt worden, die war frei! Die Buben sind manchmal auf Fassdauben Ski gefahren.

Wir hatten handgestrickte Strümpfe an. Die waren aus kratziger Wolle. Anfangs haben die arg gebissen. Später hat man es nicht mehr so gemerkt. Die hat man halt anziehen müssen. Wir Mädchen hatten Röcke an, da hat es gezogen bis oben rauf. Und man hatte Stiefel an. Der Tante Ella ihr Vater, der war Schuster, der hat die Schuhe angemessen. Die waren in Handarbeit gemacht. Die haben lange gehoben. Unten sind sie genagelt worden, hinten ein Eisele, vorne ein Eisele, damit sie nicht kaputtgegangen sind.

Dann ist man daheim an den Ofen gesessen. Es gab einen Herd mit Ringen drin in der Küche und einen Ofen im Wohnzimmer. Damit wurde das ganze Haus geheizt. Sparsam! Manche haben die Spälter gezählt! Da ist man schier erfroren. Aber drunter war ja immer der Stall. Dann ist es von unten rauf schon ein bisschen warm gewesen. Und in der Schule war ein mords-

10

großer Ofen. Wir mussten Holz mitbringen. Das hat man auf die Bühne tragen müssen zum Trocknen.

Und Weihnachtsgeschenke? Man hat etwas gekriegt zum Anziehen. Von den Paten und so. Und da hat man lauter Lebkuchen gebacken, einen ganzen Wäschekorb voll. Ich hab eine Puppe gehabt, eine Porzellanpuppe. Die hat ein maschinengestricktes Kleid gehabt. Die hat man nur an Weihnachten gehabt, also am Heiligabend war die Puppe da, und wenn der sechste Januar vorüber war, ist die Puppe wieder aufgeräumt worden."

Inge Reyher, *geschrieben 2009*

*Lea mit ihrer Oma Inge Reyher*

## So war es in der Schule

„Also die Schule, die war im alten Gemeindehaus, wo jetzt die Sillerhalle ist. In der Mitte war ein mordsgroßer Ofen drinnen. Da hat man Holz mitbringen müssen. Die Hausmeisterin hat ganz bald schon Feuer machen müssen, damit wir es warm hatten.

In den ersten Jahren hatte man nur eine Tafel. An der Seite waren zwei Wischer, für nass und für trocken. Dann hat man eine lange Griffelschachtel gehabt, wo man den Deckel hat aufziehen können. Später mussten wir Hefte kaufen. Eines hat 10 Pfennig gekostet. Das hat meine Mutter eingebunden in braunes Packpapier. Wir hatten einen hölzernen Federhalter, den hat man eintunken müssen in ein Tintenfass. Das gab oft Kleckse. Wenn die Buben bös waren, haben sie auch mal eins hinten draufgekriegt. Sie haben gesagt, man soll sich hinten eine Blutwurst reinbinden. Die tät dann spritzen wie Blut, wenn der Lehrer einen schlägt.

Wir sind nur sieben Jahre in die Schule gegangen. Ein paar Jungen sind später in die Realschule nach Göppingen gegangen. Das hat Geld gekostet. Mir hat Handarbeit gefallen. Wir Mädchen haben Kreuzstich und Stielstich gelernt. Später noch Stopfen und Stricken und Nähen. Da waren zwei Nähmaschinen, wo man noch hat treten müssen. Da durfte  mal die eine nähen und dann die andere. Und dann haben wir auch Turnen gehabt. Das Schönste war so eine Art Karussell. Da sind lauter Seile runtergehangen mit Holzgriffen. Daran hat man sich heben können. Dann ist es eingeschaltet worden, und man ist rumgeflogen. Das ging so zehn Minuten. Das war toll. Im Gemeindehaus war eine große Bücherei. Da hat man Bücher ausleihen dürfen, Märchenbücher und Robinson und so. Abends bin ich manchmal bälder ins Bett und hab lesen dürfen. Aber später hast du abends im Winter stricken müssen. Wir haben auch einen Ausflug gemacht. Wir sind auf dem Lastwagen gehockt oder gestanden bis nach Owen und dann zur Teck gelaufen. Da hätte nicht jeder mitkönnen, wegen dem Geld. Da haben wir ein bisschen zusammengelegt.

Mir hat die Schule gefallen. Da hat man nicht schaffen müssen, aber man hat was lernen dürfen."

Inge Reyher, *geschrieben 2016*

# Konfirmation

„Wahrscheinlich 1936 hat uns Pfarrer Rieber konfirmiert. Ein Foto habe ich leider nicht. Damals hatten wir noch keinen Fotoapparat.

Wir waren 11 Mädchen und 13 Jungen. Fast 2 Jahre ging der Konfirmandenunterricht. Wir mussten den Katechismus auswendig lernen. Aber ich bringe es heute nicht mehr zusammen! Und jeden Sonntag mussten wir in die Kirche, das wollte meine Mutter.

Wie wir uns auf die Konfirmation vorbereitet haben?

Im Pfarrhaus haben wir Girlanden gebunden und damit die Kirchentür geschmückt. In Göppingen haben wir ein wunderschönes schwarzes Kleid gekauft, obwohl ich es auch hätte selber nähen können, das hatte man ja gelernt. Aber auf das gekaufte Kleid war ich sehr stolz. Alle gingen ja in Schwarz. Auch neue Schuhe hab ich gekriegt.

Nach dem Festgottesdienst ging man heim. Eine große Einladung mit viel Verwandtschaft konnten wir nicht machen. Wir waren ja selber eine große Familie mit 5 Brüdern und ich als einzige Tochter.

Als Festessen hat es eine gute Hühnersuppe gegeben. Wir hatten ja selber Hennen und Hasen und vor allem 4 Geißen. Nachtisch? Das gab es nur, wenn wir mal besonders Milch bekamen.

Die Geschenke waren praktisch, Geschirr und was für den Haushalt, kein Gruscht. Von den Nachbarn bekamen wir auch etwas Geld.

Am Nachmittag ist man noch mal zur Kirche. Dann war die Konfirmation vorbei. Zum Abendmahl ging man erst ein paar Wochen später.

*Kirche vor der Innenrenovierung in den 30er Jahren*

Mit der Konfirmation war die Schulzeit vorbei. Danach ist man in die Lehre gegangen, mit 13. Aufs Gymnasium ist niemand von uns gegangen. Meine Mutter wollte, dass ich gleich in den Haushalt einsteige. Sie war ja blind, sie hatte den grünen Star. Ich hab viel schaffen müssen. Aber abends hatten wir „Luse". Da haben wir Handball gespielt. Wir haben ja richtig in den Kreislauf reingepasst. Es gab viel Schönes. Wir haben „aus jedem Dreckle was Liabs gemacht. So sind halt die Jonge"."

Amanda Schlumpp, geb. Kenngott, *geschrieben 2010*

## Urlaub und Verreisen

„Wann bin ich einmal verreist? Ja, da hatte ich Glück! Der Vater einer Schulkameradin ist nach Liebersbronn bei Esslingen gezogen. Da durfte ich eine Woche mit meiner Freundin hin, mit 14 Jahren. Meine Konfirmation war ja 1940, da konnten wir keinen Ausflug machen. In Stuttgart war ich auch einmal. Meine Schwester hatte ja in Zell Landwirtschaft. Im Krieg hatten wir dann Ferienleute aus Stuttgart, die wegen den Fliegern aufs Land kamen. Die haben mich dann später nach Stuttgart eingeladen. Mit unserer Handarbeitslehrerin von der Kochschule sind wir einmal zur Gartenschau nach Stuttgart.

Und mit 18 kam ich sogar bis nach Oberursel bei Frankfurt. Dahin kam nämlich mein Schwager mit einer Verwundung ins Lazarett. Er hat mich dann vom Bahnhof abgeholt.

Nach dem Krieg musste man erst mal an den Aufbau der Existenz denken. Da konnte überhaupt an so etwas wie Urlaub nicht gedacht werden.

Später in seiner Kur hatte mein Mann drei Ehepaare kennengelernt. 1 – 2-mal im Jahr sind wir dann zu ihnen für ein verlängertes Wochenende in die Berge nach Österreich gefahren. Das war wunderbar.

Mit meiner Familie bin ich 20 Jahre lang zur Patin meines Mannes in die Schweiz in die Ferien gefahren. Urlaub im Hotel konnte man sich ja kaum vorstellen. Und dann hat meine Tochter Lilo eine Reise gewonnen und uns geschenkt. Mit meinem Mann haben wir uns einen Traum erfüllt und sind nach Schweden gefahren. Und jetzt bin ich ganz modern. Ich habe eine Freundin, eine Klassenkameradin aus Zell, die nach New York ausgewandert ist. Die habe ich zweimal dort besucht. Und natürlich, unsere Verwandten, die nach Kanada ausgewandert waren, habe ich auch besucht!

Und jetzt mache ich Urlaub in unserem Gärtle in Zell.“

Hedwig Wagner, *geschrieben 2010*

## Rund ums Essen

„Richard, dädsch mir an Roifa nomacha!" Wenn Lina Blessing mit diesen Worten zu Richard Haller kam, ging es nicht
um ein Fahrrad und noch viel weniger um ein Auto. Es ging
um einen Metallreifen um ein Most- oder Essigfass. Denn
der Mann von Berta Haller arbeitete neben der Landwirtschaft als Küfer. Und da fiel im Herbst viel Arbeit an, denn
fast alle Hattenhöfer waren Selbstversorger, und so gab es
von den Streuobstwiesen eine Menge Äpfel, die zum All-
tagsgetränk Most verarbeitet wurden. Außerdem war das
Sauerwasser vom Sauerbrunnen sehr begehrt. Wein gab es
nur, wenn Besuch kam.

In den Gärten wurde Gemüse angebaut: Salat, Rettich, Ro-
te Beete oder Steckenbohnen. Für Kartoffeln, Zwiebeln und
Kraut brauchte es schon ein ganzes Feld. War das Kraut
geerntet, wurde es kleingehobelt, und die Kinder mussten
„en dr Stand". Die „Standen" waren Fässer für das Kraut.

Die Kinder stiegen in die Fässer und stampften es, bis der Saft austrat. Dann kam ein Holzdeckel auf das Fass, der mit Steinen beschwert wurde. So konnte man den ganzen Winter über Kraut herausnehmen, es waschen, abkochen, und mit Schweinebauch und Spätzle oder mit Ripple und Kartoffelpüree hatte man eine herzhafte Wintermahlzeit, und zwar gleich für mehrere Tage, nach dem Motto der Witwe Bolte: „Wovon sie besonders schwärmt, wenn er wieder aufgewärmt."

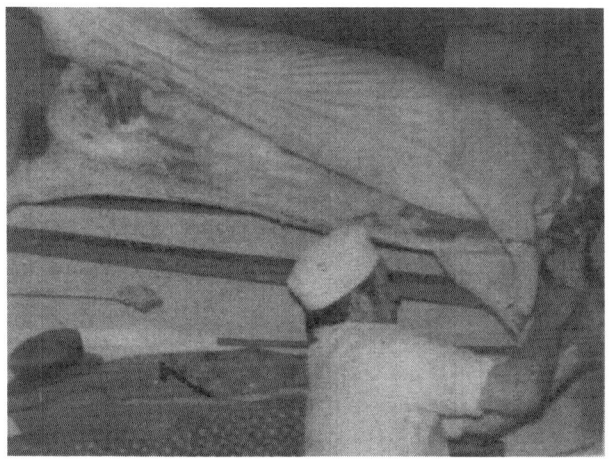

Weitere beliebte Mahlzeiten waren Kartoffelschnitz und Spätzle, Wurstknöpfle mit Rote-Beete-Salat, Flädlessuppe oder Pfannkuchen mit Apfelmus. Und sonntags nach dem üblichen Kirchgang – die Reustädter kamen in ganzen Hausgemeinschaften über den Kirchweg – gab es natürlich den Sonntagsbraten mit Spätzle und Kartoffelsalat. Denn auch an Fleisch war kein Mangel. Das Schwein wurde gemästet, bis es richtig fett war. Das Fleisch wurde eingedost oder mit Soße in Gläsern eingedünstet. Denn einen Kühlschrank gab es noch nicht.

Dafür war der ganze Keller voll mit Vorräten. Dort holte man auch das Brot vom „Brothang", einem Brett, das im Keller hing, zum Schutz gegen Mäuse. Im Gewölbekeller des Gemeindehauses sieht man noch die Haken an der Decke. 4-5 Laib Brot wurden geknetet und zum Bäcker Müller zum Ausbacken gebracht. Das reichte für die ganze Woche. War es hart, wurde es zum Frühstück in Milch eingetunkt. Weggeworfen wurde die kostbare Nahrung nicht. „Des isch kocht, und des wird gessa; des Teller muss leer sei", das war überall selbstverständlich.

*Brothang im Gemeindehauskeller*

Es gab keine Müllkübel. Was je übrig war, wurde an die Tiere verfüttert. Und Verpackung fiel kaum an, denn nur wenig musste in den kleinen Tante-Emma-Läden gekauft werden, z.B. Salz und Zucker, Maggi und Lindes- oder „Zigore" (Zichorie)-Kaffee, Kernseife und Persil. Beim Walter am Standort der heutigen Apotheke gab es darüber hinaus auch noch Wolle, Stoffe oder Nägel. Das war der damalige „Supermarkt".

Aber Zucker brauchte man wenig. Zwar wurde jeden Samstag ein Hefezopf für das Wochenende gebacken, doch Kuchen gab es nur hin und wieder, Apfel- oder Zwetschgenkuchen, je nach Jahreszeit. Ein Nachtisch war nicht üblich. Ab und zu machte man einen Pudding. Dagegen waren Äpfel immer zur Hand, auch beim Gang auf den Acker oder beim Schulvesper. Aber das Höchste war eine Tafel Schokolade als Geburtstagsgeschenk! Damit waren die Kinder froh.

War es eine glückliche Zeit? Irgendwie schon. Alle hatten zu essen, wenigstens Ziegen oder Hasen hatte jeder. Und weil das Essen hart erarbeitet werden musste, wurde es wertgeschätzt und dankbar angenommen. Vielleicht erinnern wir uns heute wieder daran, wo selbstgemachte Marmelade zu einer Delikatesse aufgestiegen ist!

Lina Blessing und Berta Haller, *geschrieben 2012*

## Landwirtschaft früher

„Ich bin 1926 auf einem Bauernhof in Oberwälden geboren. 1958 heiratete ich Karl Kälberer und kam so nach Hattenhofen ins Höfle.

Im Krieg gab es bewundernde bis neidische Stimmen der Nachbarhöfe, weil mein Vater uns Mädchen zum Arbeiten hatte, während die Söhne Soldaten waren. Wir mussten kräftig zulangen. Aber wir kannten es ja nicht anders.

Im Frühjahr eggten und pflügten wir mit dem Pferd. Im Garten wurden Rüben gesät. Wenn sie größer waren, wurden sie auf die Felder gesetzt. Kartoffeln wurden von Hand gesteckt, alles ohne Maschinen. Die Dreifelderwirtschaft war selbstverständlich: im 1. Jahr Sommerfrucht, also Gerste und Hafer, im 2. Winterfrucht, also Weizen und Dinkel, im 3. Hackfrucht, z. B. Kartoffeln, Rüben oder Klee. Dadurch wird der Boden nicht so ausgelaugt. Das machen wir bis heute so. Bei der Ernte und beim Heuet mussten alle mitschaffen. Einer mähte, und wir Kinder kamen manchmal kaum nach mit dem Sammeln. Alle Frucht, alles Getreide wurde zusammengebunden zu Büschele. Vier Büschele wurden zu einem Männle zum Trocknen aufgestellt. Immer wieder musste es gewendet werden. Dann wurden die schweren Büschel mit der Gabel auf den Leiterwagen aufgeladen. Oben wurden sie mit dem Rechen gleichmäßig verteilt, damit der Wagen nicht umkippte. Es dauerte seine Zeit, bis alles festgezurrt war. Daheim wurde alles wieder abgeladen und auf der Bühne gestapelt. Später hatten wir ein „Lotterrädle", einen Flaschenzug mit einem Seil, der fast so dick war wie ein Arm. Jetzt konnte man die Büschel an einen Haken hängen und hochziehen – eine große Erleichterung.

Im Winter wurde das Korn gedroschen. Dazu musste es wieder heruntergeholt werden. Man war zu viert, jeder hatte einen Dreschflegel und musste im Takt auf den Weizen eindreschen, damit die Körner herauskamen. Wehe, man blieb nicht im Takt! Alle 8 Tage kam der Müller mit seinem Leiterwagen und holte die Körner zum Mahlen, z.B. 5 Zentner Weizen und 1 Zentner Dinkel, denn der Dinkel gab einen besonderen Geschmack. Jeder bekam sein Mehl aus den Körnern, die er angeliefert hatte. Ja, es war viel Arbeit, aber es sind schöne Erinnerungen. Alles war viel ruhiger, und wir genossen die gute Gemeinschaft."

Alma Kälberer, *geschrieben 2011*

## Auf dem Berghof

„Yes, we can!" Dieses mutmachende Wort Obamas scheint Lotte Hermann auf schwäbische Art zu leben. „Des brengsch na! Bei ons wird erscht probiert!" So ermutigte sie ihre Söhne und den Enkel. Alle halfen fleißig auf dem Hof mit. Frau Hermann hatte sich selber so manches zugetraut! Als sie 1970 nach Reustadt heiratete, riet man ihr, es sich genau zu überlegen: Da wartete ein Hof, den ihr zukünftiger Mann als Nebenerwerbslandwirt führte, und daneben war noch für seine behinderte Schwester zu sorgen. Frau Hermann sagte Ja, zu allem. Als „A'glernte ond Nei'gschmeckte" hatte sie es anfangs nicht leicht, also als eine, die nicht aus der Landwirtschaft und nicht aus Hattenhofen kam. Da wurde sie genau beäugt, ob sie auch richtig mit der Mistgabel umgehen konnte. Aber „schaffa ond sich durchsetze", das konnte sie.

Es gab keine Herausforderung, die sie nicht annahm: Die Enge auf dem Hof, denn das Futter musste am Nachbarhaus vorbei aus der Scheune hergeschafft werden. Der Bau der Weidehütte im  Hagenacker, wo das Vieh vom Frühjahr bis Herbst weiden konnte. Aber zweimal täglich musste gemolken werden! Besser wurde es, als sie 1975 eine gebrauchte Holz-Lagerhalle kaufen und zum Viehstall umbauen konnten. Und das neue Diesel-Aggregat führte zum Erstaunen: „Die hent ja a Neonlamp em Stall! I hau denkt, die häbet no a Stall-Latern!" Und auch beim Neubau des Aussiedlerhofes, des Berghofes, packte sie kräftig mit an. Neben ihrer Bodenständigkeit und Tatkraft folgte sie immer ihrem weiten Herz ohne Vorurteile. Die Flüchtlingsfrau im alten Hof durfte bis an ihr Lebensende bleiben – da wurde halt zusammengerückt. Die kleine Alicia, die Tochter der spanischen Mieter, durfte beim Äpfelklauben mitmachen. Und als der jugoslawische Mieter als Mastensetzer in den Tod stürzte, begleitete sie seine blutjunge Ehefrau ins Leichenschauhaus. Füreinander da sein, das war auch in der Nachbarschaft für die Frauen wichtig. Und abends saß man dann miteinander auf dem Bänkle vor dem Haus. Erst die „Landfrauen" brachten Anregungen in den ausgefüllten Alltag.

Ihr Sohn Jürgen hält jetzt 15 Bio-Zuchtrinder und Bio-Puten mit drei Durchgängen im Jahr. Und sie ist immer noch froh, dass er sie fragt: „Mutter, dädsch mr ...?" Ohne dies würde ihr etwas fehlen.

Lotte Hermann, *geschrieben 2014*

## Der Landfrauenverein

Hat nicht alles mit einer Modenschau im „Löwen" in der Ringstraße begonnen? Hier reifte der Gedanke, auch in Hattenhofen einen Landfrauenverein zu gründen. Bisher trafen sich die Frauen in den Wintermonaten im „Kaatz", bei Nachbarinnen. Dort wurde gesungen und „g'schwätzt" – aber nicht über andere! – und dabei Socken gestrickt und Bettschuhe gehäkelt. Ab dem 2.2.1972 wurde aber alles anders. Die Kreisvorsitzende Frau Zoller und Ruth Gallus luden ins „Lamm" ein, und 27 Landfrauen kamen und gründeten den Landfrauenverein.

Alma Kälberer war 22 Jahre lang Vorsitzende, bis sie 1994 von Gabi Läpple und weiter bis heute von Helga Jauß abgelöst wurde. Alma Kälberer kannte die Landfrauen schon von ihrer Mutter aus Oberwälden. Zu besonderen Treffen fuhr sie ihre Mutter mit dem Traktor zur Burg Staufeneck. Jetzt traf man sich von November bis April in Hattenhofen. Es wurden Adventsgestecke gebastelt, Kupferbilder gehämmert, Bauernmalerei versucht oder Seidentücher bemalt. Aus Kieselsteinen entstanden die „7 Schwaben". Die Bastelarbeiten konnten sogar in einer Ausstellung bewundert werden. Und selbst ein Backbüchle mit einer Auflage von 2.000 Stück entstand! Man bildete sich bei Lichtbildervorträgen, z.B. von Albrecht Winkler über Israel. Sogar Fasching wurde gefeiert, bei Tee und Brezeln. Aber dann drängten die einen heim zur Kultsendung „Dallas". Liebevoll fertigte Hildegard Heinz vom Roßwanghof zu den runden Geburtstagen Ketten aus entsprechend vielen Münzen an und überreichte sie mit Gedicht und Klavierspiel. Weil Christian Heinz beim Frank & Stöckle arbeitete, konnte immer wieder ein Bus organisiert werden, zu Ausflügen bis hin in den Schwarzwald. Nicht alle Männer waren begeistert, dass ihre Frauen plötzlich einen ganzen Tag weg waren. „Musch du scho wieder fort?" Aber die Frauen schafften ihre Arbeit trotzdem. Endlich Abwechslung! Und Gemeinschaft! Der Beginn von Emanzipation? 1984 kamen noch Zeller und Pliensbacher Frauen dazu. Bei den jährlichen Bezirksveranstaltungen in Heiningen kamen bis zu 500 Frauen! Heute sind es vielleicht noch 200. Aber sie halten herzlich zusammen, wie es im Gedicht zu Alma Kälberers Verabschiedung hieß: „Was immer kommt im Weltenlauf: Wir Landfrauen sagen schlicht: Glück auf!"

Alma Kälberer und Helga Jauß, *geschrieben 2014*

## Heutige Landwirtschaft

„Aufgewachsen in dem kleinen Weiler Trasenberg bei Steinenkirch, durften wir Kinder im Sommer den Eltern Essen auf das Feld bringen. Für Nahrung bei Mensch und Tier zu sorgen, das war und ist mir wichtig. Als ich mit meinem Mann nach Hattenhofen in die Ledergasse zog, half ich meinem Schwiegervater, von Hand das Futter vom Silo heraus zu holen. Wir verfüttern eigenes  Getreide, Mais, Heu und Grassilage. Denn die Tiere im Stall brauchen gutes Futter. Noch in den 60er-Jahren ging mein Schwiegervater mit dem Pferd zum Pflügen. Heutzutage sieht man die Landwirte hauptsächlich auf dem Schlepper. Mich natürlich auch. Die Arbeit macht mir Freude. Aber ebenso wichtig ist mir, dass meine Familie gute Nahrung bekommt. Von Kartoffeln bis Petersilie, von Tomaten bis Schnittlauch ist alles selbst angebaut und wird sorgfältig zubereitet, so dass die Familie jeden Mittag eine warme, gesunde Mahlzeit zu sich nehmen kann. Da kam mir die Einrichtung des Backhauses im Rahmen der lokalen Agenda 2002 sehr gelegen. Im umgebauten Kuhstall backe ich mit anderen Hattenhöfern mein eigenes leckeres Brot. Aber auch Kopf und Seele brauchten Nahrung. Während meiner Ausbildung als Graveurin bei der WMF genoss ich das städtische Leben in Pforzheim. Nach dem Umzug nach Hattenhofen mit drei Kindern erlebte ich die Weite der Evangelischen Akademie Bad Boll durch die spätere Pfarrfamilie

Egerer, die in unserem Haus wohnte. Und der Elterntreff im Kindergarten durch Pfarrfrau Franz brachte Abwechslung. Die Mitarbeit bei den Landfrauen verschaffte meinen Interessen dann wirklich geistige Nahrung. 1994 wurde ich Schriftführerin, und bis heute bin ich im Ausschuss. Die Angebote reichen dort von Führungen beim Jebenhäuser Sprudel oder bei der Wala bis zu Reisen nach Berlin zur Grünen Woche oder zum Bundestag.

*Flüchtlingskinder im Stall*

Was mir allerdings den Magen umdreht, das ist die Explosion der Bürokratie und das Zumüllen mit EU-Auflagen. Muss denn wirklich vor Ausbringen von Dünger eine Düngeermittlung gemacht werden?

Mein Leben war nicht immer sonnig. Da hilft mir die indianische Geschichte: ‚Zwei Wölfe kämpfen in mir. Der eine sieht alles Elend und der andere alles Positive. Welcher wird siegen?‘ Die Antwort ist: ‚Der Wolf, den ich füttere!‘ Und so füttere ich meinen Wolf mit guten Gedanken und Dankbarkeit."

Roswitha Gallus, *geschrieben 2018*

## Neue Ideen in der Landwirtschaft

Als ich von Regine Greiner berichten wollte, bat ich um ein  Foto – bei ihren Kühen. Wie modern der Greinerhof arbeitet, wusste ich von deren Biogasanlage, die seit 2005 in Betrieb ist. „Wie eine Kuh" frisst die Anlage Gras und Mais, aber auch Mist und Gülle.

*Biogasanlage*

Methan wird in Energie umgewandelt. Dadurch ist eine $CO_2$-freie Energiegewinnung gewährleistet. Eigentlich genau das, was für ein gutes Klima erforderlich ist. Aber es ist teurer als Energie aus großen Kraftwerken. Für diese moderne Technik bekamen sie für 20 Jahre Bonuszahlungen, danach müssen sie mit dem freien Markt konkurrieren. Aber wie? „Geld regiert die Welt!"

So sind sie auch von den überbürokratischen Vorschriften der EU abhängig, von der sie subventioniert werden. Okay, einmal im Jahr den Antrag stellen, vor der Aussaat den Dünger berechnen, am Ende eine Nährstoff- oder Strombilanz erstellen, den Pflanzenschutz langjährig dokumentieren. Aber dann ein Beispiel von vielen: Jedes Kalb muss innerhalb von 6 Stunden Milch trinken – aber das tun nicht alle! Kopfschütteln? Sich ärgern? Und dennoch weitermachen! Greiners geben nicht auf. Sohn Jörg möchte den Hof übernehmen. Sicherheiten für die Zukunft gibt es nicht. Gerne würden sie den Milchviehbestand erweitern. Mit ca. 60 Kühen sind sie ein kleiner Hof. 160 wären nicht schlecht. Aber Biomilch? Es gibt zu viel!

Am Ende des Gespräches dachte ich: Ein Foto am PC wäre sinnvoller. Oder beide Fotos: Regine Greiner muss den Spagat zwischen der geliebten Arbeit mit Tieren und der nötigen Arbeit am PC meistern.

Alle Achtung!

Und dann engagiert sie sich

auch noch in der 2. Periode im Evangelischen Kirchengemeinderat. Als Ausgleich. Jetzt geht es um die Innenrenovierung. „Die Kirche soll heller werden – und so auch unsere Kirchengemeinde!" Das wünscht sie sich.

Regine Greiner, *geschrieben 2020*

## 2. Geschichten vom Krieg und von Flüchtlingen

Nach dem 2. Weltkrieg musste sich das Dorf verändern. Zu den 836 Einwohnern kamen 537 Heimatvertriebene (32 %!), so sagt es das „Heimatbuch Hattenhofen" über das Jahr 1950. Das musste erst mal gestemmt werden! Alle Achtung! In der „Dobelsiedlung" wurde billiges Bauland geschaffen. Viele fanden so eine neue Heimat.

So wie ich. Meine Eltern waren aus Pommern geflohen, siedelten nach Süddeutschland um, weil es hier Arbeit gab. Und 1975 zog meine Familie nach Hattenhofen. Es gefiel uns so gut, dass wir 1984 in ein eigenes Haus einziehen konnten. In der evangelischen Kirchengemeinde engagierten wir uns gerne. Wegen meiner eigenen Erfahrungen als Flüchtlingskind versuchte ich seit 2015, den in Hattenhofen Schutz suchenden Menschen ihr Ankommen zu erleichtern.

2015 bekamen insgesamt 55 geflüchtete Menschen (1,8 %) in der Ledergasse 22 eine erste Unterkunft, dicht gedrängt. Auch ihre Geschichten wollten erzählt und gehört werden. Ein engagierter Freundeskreis kümmerte sich um die Belange, vor allem der Kinder, und leistete Hilfe beim Spracherwerb oder bei Arztbesuchen. Die Familien aus dem Kosovo mussten bald wieder zurück. 2020 wurde die Erstunterkunft zur „Anschlussunterbringung" für Geflüchtete, die nach 2 Jahren hier keine Wohnung finden konnten. Inzwischen sind die meisten „Ehemaligen" voll berufstätig und melden sich nur noch, wenn sie mit Behördenschreiben nicht mehr weiter wissen. Oder nachfragen, wie es einem geht. Es waren herzliche Kontakte entstanden.

*Die meisten waren vor unerträglichen Bedingungen geflüchtet. Aus rein wirtschaftlichen Gründen hätten sie nicht die lebensgefährliche Flucht auf sich genommen.*

*Davon angeregt erzählten viele Hattenhöferinnen, dass auch sie Verwandte im Ausland haben – fast jede eingesessene Familie! Denn durch die Erbteilung der Höfe reichte der Ertrag oft nicht für alle. Das Heimatbuch berichtet, dass von 1800 bis 1970 etwa 417 Menschen aus Hattenhofen ausgewandert sind. Einige machten ihr Glück, und Ernst Jakob Siller dankte es dem Dorf mit der Katharine-Weeger-Siller-Stiftung. Von manchen Ausgewanderten hörte man nichts mehr.*

*So ähnlich erfahren wir es ja auch von den Geflüchteten, die heute umgekehrt hier angekommen sind. Es gibt immer „solche" und „sodde".*

Marianne Fuchs

*(Verweis: Emil Walter, Heimatbuch Hattenhofen,1975)*

## Auswanderer aus Hattenhofen

Fast alle „alten" Hattenhöfer haben Verwandte in Amerika, Kanada – oder in Australien, wie Hedwig Wagner, die von Zell nach Hattenhofen geheiratet hatte.

Vor dem 1. Weltkrieg war die Not so groß, dass vor allem die jüngeren Söhne, die der Hof nicht mehr ernährte, ihr Glück in der Fremde suchten. Sie waren sozusagen „Wirtschaftsflüchtlinge".

So wagten Heinrich und Ernst, die jüngsten Brüder von Hedwig Wagners Vater, den Absprung nach Australien. Nach einer schwierigen Anfangsphase erstanden sie in der Gegend von Adelaide einige Morgen Buschland. Durch Brandrodung wurde es urbar gemacht. „Ich erinnere mich noch an die Fotos mit den aufgebeugten großen Wägen mit Frucht", berichtet sie. „Sie hatten auch 40 Gäule. Und Hennen für Eier. 1925 kamen sie dann zum ersten Mal wieder heim. Meine große Schwester erzählte, dass Ernst, ihr „Döt-

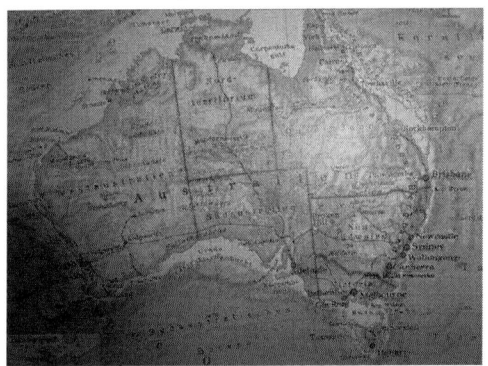

le", also ihr Taufpate, sie an der Hand nahm und sie sich im Laden etwas aussuchen durfte – das war etwas ganz Besonderes! Zu Weihnachten kam immer ein großer Brief mit Geld. Die Familie hatte schon einen großen Stolz, dass es ihnen so gut gegangen ist."

Dann kam der 2. Weltkrieg. Als Deutsche wurden die beiden Brüder in Australien interniert. Aber vorher haben sie noch ihr Geld vergraben. Eine Geschichte gehört zur Familientradition: „Als er das Geld hinterher wieder ausgraben wollte, saß eine schwarze Schlange darauf. Ob das der Teufel war?" Beide Brüder hatten in Australien nicht geheiratet. „Dann musst du der Frau bloß immer den Liegestuhl in den Schatten tragen", war die Begründung.

Hedwig Wagners Schwester besuchte mit ihrem Mann die beiden Onkel in Australien. „Mit dem Schiff, damit man auch was von der Welt sieht! Auf dem Hinweg durch den Panamakanal und auf dem Rückweg durch den Suezkanal." Die Geschwister fuhren dann mit dem Zug nach Genua und holten die Weltumrunder dort ab.

„Mit viel Fleiß kann man sein Glück machen. Vielleicht gelingt das heutzutage umgekehrt auch einigen fleißigen Flüchtlingen bei uns."

*Kinderwünsche*

Hedwig Wagner, *geschrieben 2017*

## Kriegsende in Hattenhofen

„Den Krieg selber habe ich bewusst nicht miterlebt, denn ich bin ja 1939 geboren und war noch klein. Ich weiß nur, dass wir einmal gegenüber in den Keller gehen mussten. Das war vermutlich beim Fliegerangriff, als Göppingen beschossen wurde.

Gerne war ich bei meiner Großmutter Greiner und meiner Tante in Pliensbach. Sie hatten dort einen Bauernhof und eine Schäferei.

Beim Einmarsch der Amerikaner im Frühjahr 1945 war ich gerade in Pliensbach. Meine Tante guckte auf der Bühne zum Fenster hinaus und sah die Panzer von Boll her kommen. Wir sind alle vors Haus gelaufen. Die zwei oder drei Panzer haben angehalten. Meinen Opa haben sie vor einem Baum auf Waffen abgetastet. Ein Amerikaner wollte mir Süßigkeiten geben. Ich hätte sie ja auch gerne genommen, ich habe nichts Böses gedacht, aber unsere Nachbarin rief aufgeregt: ‚Nimm's net, des isch vergiftet!' Meine Tante, sie war etwa 25 Jahre alt und etwas ängstlich, hat aber gleich hilfsbereit die Amerikaner verköstigt und ihnen ein paar Spiegeleier in die Pfanne geschlagen.

In Hattenhofen hatten inzwischen wohl einige Männer die Zeller Straße aufgegraben und Panzersperren erstellt, aber das nützte nichts. Die Panzer fuhren einfach durch das Anwesen von Hagmanns ins Dorf.

Nach dem Krieg ging unser Kinderalltag fast normal weiter. Durch die Flüchtlingskinder wurden unsere Klassen größer. Ich erinnere mich noch, wie wir einmal in die Kirche gegangen sind und der Lehrer sagte: ,Die Katholischen dürfen nicht mit.' Ich hatte doch, bevor die Flüchtlinge kamen, noch nie von Katholischen gehört! Aber wir Kinder hatten keine Probleme miteinander.

Wir kamen schnell miteinander klar. Ich erinnere mich sogar daran, dass ich immer wieder mein Wurstbrot gegen deren Schülerspeisung, einen Kakao und eine Ofennudel, getauscht hatte."

Sieglinde Sauner, *geschrieben 2010*

# Heimatvertriebene 1946

„"Wenn die Not am größten ist, ist Gott am nächsten.' Diese Erfahrung durfte ich besonders in den Turbulenzen um das Ende des 2. Weltkrieges machen. Unsere Heimat war Kuneschhau, eine deutsche Sprachinsel in der Slowakei. Am 9.2.1945 mussten wir, Vater, Mutter und 5 Kinder, unsere Heimat verlassen. Ein Viehwagen brachte uns ins Lager Friedberg. Aber am 2.7.1945, also bald nach Kriegsende, wurden wir über Ungarn wieder in die Slowakei zurückgeschickt. Groß war unser Entsetzen, als wir in unserem Dorf ankamen. Es war durch Brände zerstört. Nur einzelne Häuser standen noch. In einem Zimmer kamen wir mit 10 Personen unter.

Aber dann begann die 2. Vertreibung, durch die neuen Herren, die Kommunisten. Im Oktober 1946 landeten wir im Auffanglager Sinsheim. Wenigstens blieb unsere Familie zusammen. Wir wurden der Kreisstadt Göppingen zugewiesen. Dort wurden wir vom Bürgermeister von Hattenhofen und dem Miederfabrikant Eckhoff ausgewählt, der junge Mädchen als Arbeitskräfte suchte. Wir drei großen Schwestern und die Frau meines Bruders fanden dort Arbeit. Mit den einheimischen Frauen gab es nie Probleme. Kurz vor

Weihnachten 1946 trafen wir in Hattenhofen ein – und probten gleich für ein Krippenspiel.

Bald bekamen wir ein kleines Häuschen in der Lachgasse zugewiesen. Wir waren froh und dankbar, ein Dach über dem Kopf zu haben, auch wenn wir zu dritt in einem Bett schlafen und die beiden Zimmerchen auch noch mit Mäusen teilen mussten. Dankbar waren wir für das große Mitgefühl der Bäckerei Müller, damals Schurr. Oft bekamen wir für unsere große Familie ein extra Brot geschenkt.

Im Januar 1951 habe ich meinen Mann geheiratet, der auch aus unserem Dorf stammte. Wir waren ja katholisch. So fand die Trauung im ehemaligen Schweinestall statt, der zu einem Kirchenraum umgebaut worden war, neben der Bäckerei Müller. Wir waren glücklich und wollten in Hattenhofen bleiben. Allmählich konnten wir an ein eigenes Heim denken. Alle  Geschwister halfen mit, ein Doppelhaus in der Frühlingstraße zu bauen, das im Dezember 1952 fertig wurde. Und nun wohnen wir seit 1960 in unserem Haus in der Schillerstraße 1, das wir später wiederum gemeinsam gebaut hatten. So wurde Hattenhofen für uns alle eine neue Heimat, in der wir uns bis heute wohl fühlen."

Julie Prokein, geb. Froncz, *geschrieben 2011*

## Leben nach dem Krieg

 „Bei uns auf dem Land gab es zum Glück keinen Hunger. Die meisten hatten ein wenig Landwirtschaft. Das war in der Stadt anders.

Mein Mann erzählte von Esslingen, dass sein Bruder sogar die Kartoffelschalen gegessen hatte.

Und unser Lehrer, Herr Münzenmaier, kam zu seinen Verwandten nach Hattenhofen, weil er in Untertürkheim ausgebombt war. Für mich war es ein Glücksfall, weil er mein Klavierlehrer wurde.

Fast in allen Häusern mussten Zimmer für die zahlreichen Flüchtlinge bereitgestellt werden. Wir hatten das Glück, dass wir einen Elektriker aus Bessarabien zugewiesen bekamen. Er konnte in unser Elektrogeschäft aufgenommen werden, denn mein Vater war 1943 an Kriegsfolgen gestorben.

Auch unsere Nachbarn hatten Glück. Die Tochter der Flüchtlingsfamilie sah ich erst kürzlich bei der Beerdigung ihres damaligen Hausherrn. Dabei zerriss es einem das Herz, wenn man sah, wie die Frau mit ihren beiden Kindern angekommen war. All ihre gerettete Habe hatte sie auf ein Leiterwägele gepackt. In dem großen Zimmer auf der Bühne war auch ein Herd, dessen Ofenrohr aus dem Fenster schaute.

Ein Ereignis war es für uns, wenn eine andere Flüchtlingsfrau ihre Wäsche im Freien in einem Zuber wusch.

Eine weitere Flüchtlingsfrau half eifrig in der Landwirtschaft mit, denn man konnte alle Arbeitskräfte brauchen. Und guter Wille war auch bei den Bauern da. Wenn der Ährenwagen durch die Felder fuhr, folgte ihm stets eine ganze Gruppe Frauen und Kinder mit Taschen. Dann hieß es: ‚Recht nicht so genau, dass noch genug zum Sammeln übrigbleibt.‘ Einander zu helfen schien selbstverständlich, die Not rührte einen an, auch wenn die Flüchtlinge nicht so beliebt waren.

Als sie später in der Dobelsiedlung günstiges Bauland bekamen, standen die ganz Fleißigen um 3 Uhr nachts auf, um am Bau zu schaffen, bevor sie dann zur Arbeit gingen."

Sieglinde Sauner, *geschrieben 2013*

# Einheimische und Geflüchtete

Ulla Häßler erinnert sich: „Ich war damals noch klein. Aber für mich als Kind war es spannend, dass in unserem Haus so viel los war. Mein Vater erzählte, dass kurz nach Kriegsende, etwa im Juni 1945, die ersten Flüchtlinge auf Lastwagen ankamen. An der Waage beim ‚Lamm‘ wurden sie vom Bürgermeister in die Häuser verteilt. Zu uns kam eine gut katholische Bauersfamilie. Es waren sehr nette, fleißige Leute. Und – sie brachten ganz neue Essgewohnheiten mit. Wenn ich zu ihnen runterging und fragte: ‚Was gibt's heut bei Ihnen?‘, kam gleich die Gegenfrage: ‚Willst du was?‘ Und so lernte ich eine besonders gut gewürzte Kartoffelsuppe, gefüllte Paprika und Zwetschgenknödel kennen. Später konnten sie ein Grundstück in der Dobelsiedlung erwerben und dort bauen. So wurde Hattenhofen zu ihrer neuen Heimat.

Viel los war auch in der mittleren Wohnung bei der Mutter mit ihren drei Töchtern aus Pressburg. Eine davon hatte Kinderlähmung, was für meinen Vater ein Grund war, sie bei uns einzuquartieren. Es wurde noch eine Wand eingezogen, damit sie mehr Platz hatten. Die Mutter war eine nette, geschickte Person. Bald war sie für die Schulspeisung zuständig. Manchmal bekam ich davon einen Kakao oder eine Ofennudel.

Ganz oben wohnte ein älteres schlesisches Försterehepaar. Ihn zog es oft in den Wald, wo er sich Brennholz holte. Die Flüchtlinge bekamen von der Gemeinde Notessen, Kohlen und Holz. Und sonst schaute jeder, wie er überleben konnte. Einige, die selber aus der Landwirtschaft kamen, fanden bei den hiesigen Bauern Arbeit.

Unser Haus war ja die ehemalige Wirtschaft ‚Rössle'. Deshalb heißt der Platz oberhalb des Hauses, rechts vom Seniorenzentrum, auch ‚Rössleplatz'.

Bis zum Krieg kamen abends die Männer und tranken einen Most für 10 Pfennig. Bier und Vesper waren zu teuer. Von der ‚Linde' oben an der Abzweigung zur Albershäuser Straße bis zum ‚Hirsch' vorne links in Reustadt gab es ja 11 Wirtschaften in Hattenhofen! So hatte jeder sein Stammlokal. Heute gibt es nur noch die ‚Krone' und das ‚Lamm'."

*Rössleplatz*

Ulla Häßler, *geschrieben 2013*

# Erinnerungen an die Flüchtlinge

Inge Reyher und ihre Bekannte erinnerten sich im Seniorenzentrum Hattenhofen:

„Wenn man jetzt so viel von den Flüchtlingen hört, denkt man auch an früher. Wir hatten ja auch viele Flüchtlinge in Hattenhofen. Auf einmal musste man fremde Leute aufnehmen. Die haben geschafft, in der Landwirtschaft oder in der Miederfabrik oder später in der Handschuhfabrik. Einige sind auch nach Göppingen. Bald haben die Männer Mädels von Hattenhofen geheiratet. Und Katholiken gab es auf einmal. Wir waren doch vorher alle evangelisch!"

Und ihre Bekannte erzählt aus Weilheim: „Wir hatten ein schönes Verhältnis zu ‚unseren' Flüchtlingen, die kamen aus Tschechien. Aber etwas war gar nicht schön: Immer, wenn etwas passiert ist, hat es geheißen: ‚Das waren die Flüchtlinge', auch wenn die es gar nicht waren. Da haben die ein paar Kirschen vom Baum gegessen, und gleich hat man gesagt, die Flüchtlinge hätten Kirschen geklaut."

Inge Reyher: „Und dann hab ich zum ersten Mal Menschen mit dunkler Hautfarbe gesehen. Da bin ich erschrocken und weggerannt. Ich dachte, die wollen mir was tun. Das war halt neu für mich. Ich war damals in Stellung in Göppingen. Meine Herrschaft hat hinter dem Landratsamt am alten Krankenhaus gewohnt. Da war dann Fliegeralarm, und ich musste mit den drei Kindern in den Bunker. Das war am 1. März 1945. Die Bomben haben das Krankenhaus getroffen. Sie wollten ja den Bahnhof treffen, aber die Markierungen hat der Wind verweht, rauf in Richtung Krankenhaus, und das war schrecklich. Am Krankenhaus hat es gebrannt, und wir sind hin und haben die Betten und alles raus, die Kranken sind in den Garten rausgestellt worden in ihren Betten oder auch auf Matratzen. Alles war ja kaputt, die ganze Front hinten war weg, der Operationssaal."

Bekannte: „Und so etwas haben die Flüchtlinge auch erlebt, die jetzt zu uns kommen. Die können einem leid tun."

Inge Reyher: „Ja, als mein Mann dann vom Krieg heimkam, da hatte er auch Depressionen von allem. Und Malaria. Da musste er ins Tropeninstitut nach Tübingen."

Inge Reyher und ihre Bekannte, *geschrieben 2015*

## Spätaussiedler

Eine anonyme Erzählerin berichtet von ihrem Schicksal als Spätaussiedlerin: „Unsere Großeltern wanderten aus Deutschland in die Ukraine aus. Aber unter Stalin wurden sie, weil sie ja Deutsche waren, in einer furchtbaren Nachtaktion nach Sibirien verschleppt. Angehörige wurden getötet. In bedeckten Erdlöchern musste der Winter überstanden werden, mit kleinen Kindern, ohne die Männer, die an der Front kämpften."

*Mitte zur Ukraine beim Friedensgebet*

Nach dem Krieg gelingt es, in Kasachstan Fuß zu fassen. Ganz herzlich ist das Zusammenleben mit den dortigen Moslems. „Sie feierten ihre Feste. Wir feierten Weihnachten. Die Kinder bekamen Päckchen mit Süßigkeiten unter dem Weihnachtsbaum. Wir haben doch alle einen Gott." Und dieser Gott begleitete die Menschen durch all die schrecklichen Jahre. Zum Dorfkirchlein waren es 7 km, die zu Fuß gegangen werden mussten. Das war nicht immer möglich. Aber das tägliche Tischgebet und das Vaterunser am Abend gehörten zum Tageslauf, bis heute.

Und dann kam die Nachkriegszeit. Die ersten Verwandten siedelten in die alte Heimat, nach Deutschland, um. Sie holten ihre Angehörigen nach. Und dort kam der nächste

Schlag. Der herzkranke alte Vater starb während der Fahrt nach Deutschland und musste unterwegs begraben werden. „Der Herr hat ihn uns gegeben, der Herr hat ihn genommen."

Wieder einmal wurde neu angefangen. Zuerst musste das Lager in Boll überstanden werden. Hier erlebte die Familie das Unvorstellbare, dass kostbares Brot weggeworfen wurde, nur weil es alt war. Damit könnte doch eine Suppe gekocht werden!

Endlich konnte man in Hattenhofen sesshaft werden. „Ich habe immer gearbeitet, das kenne ich gar nicht anders. Zuerst war ich für die Kinder da, dann habe ich meine Mutter gepflegt. Und dann die anderen Bräuche hier. Zum Heiligen Abendmahl bedeckte man daheim den Kopf mit einem feinen Tuch, hier nicht."

Inzwischen sind die Kinder, Enkel und Urenkel heimisch geworden. Sie verstehen sich als Hattenhöfer und wollen nicht auf die schwere Vergangenheit ihrer Familie angesprochen werden. Sie gehören einfach dazu. Und die alte Familienbibel in deutscher Schrift, aus der die Mutter oft las, gehört auch dazu. „Ich freue mich an meiner Familie, an den Nachbarskindern. Ich habe schwere Operationen hinter mir, aber meine Zeit war noch nicht abgelaufen. Und wenn der Herr mich holt, wird er mich annehmen, darauf vertraue ich."

Die Erzählerin möchte anonym bleiben, *geschrieben 2014.*

## Christen aus dem Iran

„Seit Februar 2018 leben wir in Hattenhofen als Asylbewerber. Kiyan geht gerne in den Kindergarten, und mit Makan besuche ich jetzt die Spielgruppe. Wegen der Kinder konnte ich leider noch keinen Deutschkurs besuchen, aber mit meinem Mann zusammen habe ich schon gut Deutsch gelernt. Ich hatte das Abitur gemacht. Jetzt hilft mir Renate einmal in der Woche.

*Deutschkurs*

Ute Freytag hat mich zum ‚Frauenfrühstück' eingeladen, was mir viel Freude macht, denn wir sind Christen. Im Iran hatten wir über einen guten Freund das Christentum kennengelernt. Uns beeindruckte, dass es im Christentum Freiheit gibt, dass wir Menschen gleichwertig wie Geschwister leben dürfen, dass wir einander aus Liebe helfen und nicht mit dem Hintergedanken: durch Hilfsbereitschaft verdiene ich mir das Paradies. Hier lernten wir Christen der neuapostolischen Kirche kennen und ließen uns taufen. In Göppingen und in Hattenhofen besuchen wir ihre Gottesdienste.

Wir genießen die religiöse Freiheit hier sehr. Im Iran ist es lebensgefährlich, sich zum Christentum zu bekennen. Nicht einmal in Hauskreisen konnten wir uns treffen, sondern nur privat mit Freunden. Der Geheimdienst ist allgegenwärtig. Neben den wenigen Kirchen in Teheran ist garantiert der Geheimdienst tätig und beobachtet, wer aus- und eingeht. Nach außen haben wir eine Demokratie, aber eigentlich ist es eine religiöse Diktatur. Ich fürchte,  die jungen Leute, die zu Protesten auf die Straße gegangen sind, haben keine Chance. Als Frau konnte ich mich selbstständig in der Stadt bewegen. Kopftuch und kurzer Mantel über langen Hosen waren natürlich im heißen Sommer sehr lästig. Aber auch die Männer dürfen ja keine kurzen Hosen anziehen. Mein Hobby ist Sport. Ich war eine gute Volleyballspielerin. Unter Frauen brauchten wir dabei kein Kopftuch zu tragen.

Meine Großfamilie fehlt mir. Am Wochenende trafen wir uns alle in den Wohnungen unserer Mütter oder im Park, zu wunderbaren Picknicks. Nun musste allerdings meine Schwiegermutter aus ihrem schönen Haus ausziehen. Der Geheimdienst bedrängte sie wegen der Flucht ihres Sohnes. Hier sind wir froh, ohne Angst mit allen reden zu können."

Mahdieh Fallah, *geschrieben 2018*

## Flucht aus Sri Lanka

Sara kam als Asylbewerberin aus Sri Lanka über Karlsruhe nach Bad Boll und seit Januar 2020 in unsere Anschlussunterbringung. Wie fand sie als Hinduistin zum christlichen Glauben?

In Karlsruhe nahmen sie ihre tamilischen Landsleute mit zur Kirche. Was sie dort erlebte, traf sie im Innersten. „Jesus loves you", das bedeutet ihr unendlich viel in ihrer neuen Situation voll Angst und Ungewissheit. Mit Tränen in den Augen zeigt sie mir ihre Bibel in der wie gemalten tamilischen Schrift. In ihrer Gebetsecke singt sie aus ihrem Gesangbuch und lernt die 1000 Bibelzitate.

சேர்ந்த ஸ்தலம் எங்கும் போய்,
26 பாகால் கோவில் விக்கிரகங்களை வெளியே எடுத்துவந்து, அவைகளைத் தீக் கொளுத்தி,
27 பாகாலின் சிலையைத் தகர்த்து, பாகாலின் கோவிலை இடித்து, அதை இந் நாள்வரைக்கும் இருக்கிறதுபோல மலஜலாதி இடமாக்கினார்கள்.
28 இப்படியே யெகூ பாகாலை இஸ்ரவேலில் இராதபடிக்கு அழித்துப்போட் டான்.
29 ஆனாலும் பெத்தேலிலும் தாணிலும் வைத்த பொற்கன்றுக்குட்டிகளால், இஸ்ர வேலைப் பாவஞ்செய்யப்பண்ணின நேபாத்தின் குமாரனுகிய யெரொபெயா மின் பாவங்களை யெகூ விட்டு விலகவில்லே.
30 கர்த்தர் யெகூவை நோக்கி: என் பார்வைக்குச் செம்மையானதை நீ நன் றாய்ச் செய்து, என் இருதயத்தில் இருந்த படியெல்லாம் ஆகாபின் குடும்பத்துக்குச் செய்தபடியினால், உன் குமாரர் இஸ்ரவே லுடைய சிங்காசனத்தின்மேல் நாலு தலை முறையாக வீற்றிருப்பார்கள் என்றார்.
31 ஆனாலும் யெகூ இஸ்ரவேலின் தேவ னாகிய கர்த்தரின் நியாயப்பிரமாணத்தின் படி தன் முழு இருதயத்தோடும் நடக்கக் கவலைப்படவில்லே; இஸ்ரவேலைப் பாவஞ்

*Tamilische Schrift*

Sonntags fährt sie nach Stuttgart, wo es am Killesberg eine tamilische christliche Gemeinde gibt – oder nach Kirchheim! Bei uns besucht sie freitags und samstags Gruppen des Christusbundes. Da kann sie auch ihr Deutsch üben. Denn wir hatten zwar für sie eine Begleiterin zum Deutschlernen organisiert, aber dann kam leider Corona.

Sie erzählt, wie schlimm die Unterdrückung in ihrer Heimat durch die buddhistische Mehrheit gegenüber den Christen, Hindus und Moslems ist. Auch die Buddhisten werden nicht überall ihrem friedlichen Image gerecht, wenn es um Macht geht! Sie arbeitete im Büro, ihr Mann war selbstständig. Immer wieder zogen sie um, aber Probleme gab es überall. So entschlossen sie sich zu fliehen.

Und dann hatte ihr Mann in Stuttgart einen schlimmen Unfall, bei dem ihm ein Bein amputiert werden musste.

Von ihren wenigen Asylleistungen versucht sie, den Sohn ihrer Schwester in Sri Lanka zu unterstützen, dass er zur Schule gehen oder sich eine Tasche kaufen kann. Er ist wie ihr Sohn, da sie leider keine Kinder bekommen konnte.

Sara Inparajah, *geschrieben 2020*

## Eine Persönlichkeit aus Afghanistan

Burka, verschleierte Frauen aus Afghanistan – dieses Bild kennen wir aus den Medien.

Aber da gibt es auch das Bild von Sharifa, die mit ihrem Mann und Setajesh (12), Asal (5) und Emran (3) Ende Dezember 2019 nach Hattenhofen kam. Sie wuchs in einer gebildeten Familie in Baghlan auf und machte als Mädchen dort ihr Abitur.

Doch 1994 bekamen die radikalen Taliban das Sagen. Der Plan vom Studium war erst einmal ausgeträumt. – Frauen mussten zuhause bleiben. Und was machte Sharifa? Sie hatte bei ihrer Mutter nähen gelernt und bildete in den nächsten 4 Jahren in ihrem Haus 40 Mädchen zu Schneiderinnen aus.

Unter dem neuen Präsidenten Karzai nützt sie die Chance und studiert 2 Jahre an der Universität Baghlan Physik und Mathematik. 4 Jahre lang unterrichtet sie an der Oberstufe. Aufgrund ihrer Leistungen kommt sie zur „Science office supervision" und bildet jetzt selber Lehrkräfte in Physik aus. Auch Männer? – „Aber ja! Die wollten alles von mir wissen!"

Und nach der Heirat hat sie selbstverständlich weitergelernt. Als Setajesh 2009 zur Welt kommt, hat sie drei Monate bezahlte Elternzeit und kann danach weiterarbeiten. Ihre Tochter ist bei ihrer Mutter gut aufgehoben.

Doch die tägliche Angst und die Probleme werden unerträglich. „Ich habe immer nach hinten geschaut, ob mich niemand verfolgt!" 2011 flüchten sie in die Türkei. Aber dann werden sie in Bulgarien von der Polizei aufgegriffen und stecken dort 6 Jahre unter schlimmen Bedingungen fest. Über Serbien, Bosnien … gelangen sie Ende 2019 endlich nach Deutschland. Sharifa kann sich schon hervorragend auf Deutsch mit mir unterhalten. Setajesh hat ein super Zeugnis in Boll erhalten. Asal malt erste Buchstaben. Und Emran kommt jetzt in den Kindergarten.

Aber immer wieder verdüstert ein dunkles Bild ihr Glück: Auf der Fahrt zu einer Hochzeit in Afghanistan wurde das Auto mit ihrer Schwester und deren Familie von einer Bombe getroffen. Damit wird auch eine starke Frau nicht gut fertig.

*Geburtstag Asal und Emran*

Sharifa Mansour, *geschrieben 2022*

## Ausländerkinder in der Schule

Begeistert startete Lena Hortig im September 2021 nach dem Abitur das Sprachenkolleg am Ambrosianum in Tübingen. Denn sie wollte nach guten Erfahrungen in der Oberstufe Gymnasiallehrerin für Deutsch und katholische Religion werden. Doch bald musste sie erkennen: „Damit wäre ich Vermittlerin für die katholische Lehre. Aber ich habe eher einen weltoffenen, existenziell-philosophischen Ansatz. Mir geht es um Sinngebung, um den größeren Zusammenhang im Leben. Zwar nehme ich eine Aufbruchstimmung in der katholischen Kirche wahr, zum Beispiel durch den synodalen Weg. Aber dies zeigt sich weder in der Dogmatik noch in den Strukturen."

So nahm sie schweren Herzens Abschied von diesem Studium und wird ab Herbst 2022 eher Psychologie oder Grundschuldidaktik studieren, was ihr mehr individuelle Freiheit gibt. Da kam das Angebot der Grundschule Hattenhofen genau richtig: Ob sie nicht ausländischen Kindern beim Einstieg in die deutsche Sprache helfen wolle? Lena ließ sich nicht lange bitten. Nach Ostern begann sie, verschiedene Gruppen zu unterrichten. Passgenau erstellt sie eigene Arbeitsblätter. Und bei der Verständigung helfen Übersetzungs-Apps in der jeweiligen Sprache. Ein Vorteil der heutigen Technik!

„Die Kinder sind sehr neugierig, lernbereit und herzenswarm. Vom Kollegium bekomme ich jede Hilfe und Unterstützung. Und zwei Bekannte mit ukrainischen Wurzeln helfen mir bei den ukrainischen Kindern, die Hintergründe besser zu erfassen. So bin ich gut vernetzt."

Lena ist die Freude und der Ernst an ihrer Aufgabe anzumerken.

„Meine Motivation ist, einen individuellen Beitrag zur Integration von Kindern in unsere komplexe Gesellschaft zu leisten. Ich kann dadurch einen kleinen Platz ausfüllen. Ich habe Freude an der Sprache, an den Kindern, an einer verantwortungsvollen Tätigkeit. Und ich freue mich täglich, dass diese Arbeit ankommt und die Kinder sich immer besser angenommen und heimisch fühlen."

Lena Hortig, *geschrieben 2022*

## Rassismus bei uns?

Beim Netto gehören sie längst zum Alltagsbild, die dunkel-häutigen Menschen mit und ohne Asyl. Wie geht es mir? Im ersten Augenblick stutze ich. Solch ein Mensch fällt erst mal auf, klar. Wenn ich aber mit einem von ihnen über seinen Problemen brüte, ist die Hautfarbe vergessen. Dann sitzt da einfach ein belasteter Mensch.

Erleben diese hier Rassismus?

Ich fragte M.. Er sei hier freundlich aufgenommen worden. Nur – jetzt sucht er Arbeit und eine Wohnung für sich und seine deutsche frisch angetraute Frau, und da habe er es noch schwerer als alle anderen Wohnungssuchenden.

Wenn ich K. erlebe, wie er seinem Freund beim Austragen der Zeitungen hilft, strahlen so manche ältere Hattenhöfe-rinnen ihn an. „Wer ist denn der nette Mann?", wurde schon gefragt.

Dagegen erzählte mir N. beschämt, dass er beim Netto schon einmal als Affe bezeichnet wurde. Auch Hattenhofen ist keine heile Welt. Aber ich habe den Eindruck, mit jeder positiven Begegnung verringern sich die Vorbehalte.

Von rassistischen Beschimpfungen eines Busfahrers berichtete A.. Aber der sei eine Ausnahme, fügte er hinzu.

Und die Polizei? K. schrickt jedes Mal zusammen, wenn ein Polizeiauto an uns vorbeifährt. In seiner Heimat ist die Polizei verschrien. Als Flüchtlingshelferin hatte ich vor ein paar Jahren auf der Polizeistation in Uhingen zum ersten Mal unmittelbaren Kontakt wegen eines Dumme-Jungen-Vergehens aufgrund der Idee eines deutschen „Freundes". Sehr überrascht war ich, wie sachlich, aber klar die Polizisten damit umgingen. Sie baten mich, erst mal Gespräche mit den deutschen und ausländischen Eltern zu führen. Dann würden sie bei einem Besuch auf die Grenzüberschreitung eingehen. Damit war ein klarer Nach-Denkzettel gesetzt. Ähnliche Fairness erlebte ich auch in Bad Boll und

in Göppingen (wegen „unerlaubter Einreise").

Rassismus hier? Ich erlebe positive Ansätze. Aber dass I.s Vater in Togo Professor war und er eine hervorragende Ausbildung durchlaufen hat (aber er war halt systemkritisch und daher sehr gefährdet!), das wird ihm doch nicht gleich zugetraut. Es ist noch viel zu tun!

*Aber die kleine Afghanin S. ist wirklich ein Beispiel für gelungene Integration. Als Mädchen in der Fußballmannschaft mit ihrem Bruder und lauter Jungen an ihrem neuen Ort Jebenhausen!*

Marianne Fuchs, *geschrieben 2020*

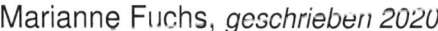

## 3. Geschichten von engagierten Frauen heute

*Eine Gemeinde lebt vom Engagement ihrer Bürger und Bürgerinnen. Das zeigt sich in Hattenhofen besonders an den verschiedenen Vereinen, oft mit langer Tradition.*

*Für den Evangelischen Gemeindebrief habe ich Gespräche mit Frauen geführt, die sich mit ihren Begabungen für die Kirche oder den Ort einsetzen. Immer wieder fielen mir weitere Frauen ein, die eine lebendige Geschichte hinter sich haben. Oder noch mittendrin stecken. Manche sagten ab. Sie wollten nicht an die Öffentlichkeit treten. Andere habe ich noch nicht angefragt.*

*Da kann ich abschließend nur sagen: Hattenhofen hat etwa 3.000 Einwohner und Einwohnerinnen. Mit spannenden Geschichten. Und Sie alle haben viele Gelegenheiten, gesellig zusammenzusitzen. Ich denke, nun sind Sie dran, die Ohren zu öffnen und sich noch manch interessante Geschichte erzählen zu lassen.*

*Dann hätte dieses Büchlein seinen Sinn erfüllt: Die Freude an der unterschiedlichen Vielfalt in unserem Dorf zur Sprache zu bringen und zu leben.*

*Mit herzlichem Dank an alle Frauen, die einen wertvollen Teil ihrer Geschichte gezeigt haben!*

*Marianne Fuchs*

*Kann uns der Ammonit am Brunnen in der Dorfmitte nicht
ein Vorbild sein?*
*Was sprudelt nur alles aus ihm heraus!*
*Und gleichzeitig lauscht er intensiv auf seine Umgebung.*
*Unsere Geschichten heraussprudeln lassen und zuhören!*
*So schaffen wir eine gelingende Gemeinschaft.*

### ... als Gemeindeschwester

„Die Hattenhöfer sind rau, aber herzlich', mit diesen Worten wurden mir die Menschen geschildert, die ich ab 1973 zu betreuen hatte. Das stimmte. So bestanden einige darauf, beim Waschen mit der Bürste abgeschrubbt zu werden. Ich hatte hier nie Probleme, obwohl ich ja aus Mecklenburg kam und nicht schwäbisch gesprochen habe.

Damals konnte ich ganz selbstständig arbeiten, in gutem Kontakt zum Arzt und zu den anderen Schwestern aus dem Distrikt.

Beim Gang durch das Dorf erfuhr ich so ganz nebenbei, wo Not am Mann war. Wenn jemand aus dem Krankenhaus kam, da guckte man einfach mal rein. Alle wurden ja zuhause gepflegt, aber die Alleinstehenden brauchten Hilfe, und die Frauen aus der Landwirtschaft mussten tagsüber aufs Feld.

Später wurden immer mehr Frauen berufstätig. So freuten sich die alten Menschen, wenn ich kam und mit ihnen redete. Ich habe mir angehört, was diese Menschen in ihrem Leben alles schon mitgemacht hatten. Schön war, dass ich manche Lebensweisheit von ihnen lernte, zum Beispiel: ‚Es ist alles nur geliehen. Wir können im Tod nichts mitnehmen.'

Und es gab so liebe Menschen. Einer brachte mir überraschend mit dem Auto Äpfel. Dabei war er schon dement, und ich hoffte nur, dass er den Weg wieder heimfinden würde. Und einer dementen Frau sagte ich, sie solle sich doch frisch anziehen. Das tat sie, mir zuliebe, aber kaum war ich weg, zog sie wieder ihre alten schmuddeligen Sachen an.

Manche Leute fragten mich: ‚Gefällt dir deine Arbeit?‘ Das habe ich mich nie gefragt. Ich habe einfach getan, was nötig war. Das habe ich gerne gemacht. Gerade bei der Gartenarbeit, bei meinem Hobby, konnte ich über alles nachdenken und mich fragen: ‚Hast du auch alles richtig gemacht? Was ist noch nötig?‘ Dabei war mir  der Glaube immer wichtig.“

Anneliese Rau, *geschrieben 2012*

## ... als Ärztin

Zeigt diese selbst erstellte Vase nicht exemplarisch, was das 82-jährige Leben von Ute Bronsert ausmacht? Ein Mosaik aus lauter klaren Einzelteilen, zusammengefügt zu einer Vase, die Raum gibt für vieles.

Da ist ihre Tätigkeit als Oberärztin der Klinik am Eichert. Bis vor 2 Jahren machte sie noch im Ruhestand Diabetes-Schulungen in Bad Boll!

Unkonventionell packt sie an, wenn sie auf Not trifft. So hilft sie dem MS-kranken Sohn spanischer Freunde, damit er Krankengymnastik bekommen kann. Und im Mai besucht sie die Familie in Spanien.

So verbindet sie ihre Freude an umsichtigen Kontakten mit ihrer Reiselust. Zuerst waren es die Fahrten durch Europa im Campingbus mit ihren Neffen und Nichten. Später im Ruhestand erkundete sie den südamerikanischen Kontinent von Feuerland über Chile bis Mexiko. Danach bereiste sie Kanada im rollenden Hotel.

Ein weiterer Mosaikstein war die Adoption eines sehr begabten serbischen Krankenpflegers, damit er nicht abgeschoben werden konnte. Jetzt kümmert sie sich selbstverständlich um syrische Geflüchtete, die eine Zeitlang in ihrer Einliegerwohnung unterkommen konnten.

Raum ist auch für ihre Freude an der Natur. Die 11 Bäume ihres Pachtgrundstückes am Kompostplatz schneidet sie selber. Und ihr Haus ist so konstruiert, dass sie das Prasseln des Regens hören kann. Oder sie hört schöne Musik bei Konzertbesuchen.

Wenn es um Texte aus der Bibel geht, gehört zum Hören oft auch das Diskutieren, im Hauskreis der Familie Vix oder beim Christusbund.

Aber Denken und Handeln müssen zusammenpassen.

So besucht sie 2-mal in der Woche ältere Menschen im Michael-Hörauf-Stift.

„Da merke ich: Ich muss aufpassen, dass ich fit bleibe!"

Und so steht die nächste Mosaik-Aktion schon fest: eine Eidechse. Für den Ruhestand ist später noch Zeit!

Ute Bronsert, *geschrieben 2019*

## ... als Gemeinderätin

„Humor ist, wenn man trotzdem lacht!" Dieses Motto könnte über dem Leben von Ingeborg Möntenich stehen, „trotzdem", denn ihr Leben war nicht immer leicht.

Mit Humor erzählt sie von ihrer Geburt am 5. Dezember 1926: „Da bin ich dem Nikolaus aus dem Sack gefallen!" Und jahrelang grübelte sie, warum denn der Sack ein Loch hatte. Dann kam der Krieg. Nach dem Notabitur ging sie nach Norddeutschland, wo sie eine landwirtschaftliche Lehre begann. Das war eine sehr harte, aber auch schöne Zeit, von der sie noch heute erzählt. Als Klaus Möntenich aus der Gefangenschaft in Russland zurückkam, sagte er zu „seiner Ingeborg": „Gib mir 4 Jahre Zeit, dann heiraten wir." Er wollte erst noch ein Maschinenbaustudium absolvieren. „Natürlich sagte ich Ja, haben wir uns doch schon von klein auf verstanden und mochten uns. Unsere Mütter waren Freundinnen."

Sie packten das Leben mutig an. Drei Kinder wurden ihnen geschenkt. Alles war gut, bis zum schweren Autounfall ihres Mannes, der ihr ganzes bisheriges Leben für immer auf den Kopf stellte. Er konnte seine Firma nicht mehr weiterführen. So zogen sie 1971 nach Hattenhofen, weil ihr Mann zur Firma Rau nach Holzmaden kam und sie in Hattenhofen ein schönes Haus fanden. Trotz der Skepsis von Freunden gegenüber „den Schwaben" fühlte sie sich in unserer bergigen Gegend wohl, die Ähnlichkeit mit ihrer alten Heimat hat. Der Rauhaardackel Strolch begleitete sie auf ihren Spaziergängen, am liebsten im Schlierbacher Wald. Ihren Humor verbreitete sie auch im Gemeinderat, und das als erste Frau dort, und auch noch als „Nei'gschmeckte".

*Hattenhofen*

Sie fanden auch hier gute Freunde, bei aller Zurückhaltung. „Es wird so viel geredet. Da sagst du ‚blau', und ‚grün' kommt raus. Also ab in die Tonne mit solchen Sprüchen!"

Ihr Humor und ihre zupackende Art helfen ihr auch jetzt nach dem Tode ihres Mannes im Seniorenzentrum Hattenhofen. Ihre Töchter haben ihr geschmackvoll ein Zimmer ausgestaltet, in dem sie sich durch die regelmäßigen Besuche ihrer Töchter und des entfernter lebenden Sohnes wohlfühlt, natürlich im Schwabenland!

Ingeborg Möntenich, *geschrieben 2016*

## … im Seniorenzentrum

„43 Jahre lang habe ich in Toronto, Kanada, gelebt. Als mein Mann 1990 starb, zog ich ins ‚Jack Goodlad‘, ein 10-stöckiges Hochhaus für Menschen über 55 Jahren. Auch eine Freundin lebte dort, so dass ich nicht alleine war. Einmal in der Woche aßen alle gemeinsam, und auch Weihnachten feierten wir miteinander. Es war eine gute Gemeinschaft.

Dann aber erkrankte ich an Knochenkrebs. Die Ärzte hatten mich aufgegeben, und ich wollte nur noch sterben. Aber mein Sohn Rolf Engert besuchte mich mit seiner Frau Brigitte, und sie bestanden darauf, dass ich zu ihnen kommen sollte. Im kalten Winter, am 11. Februar 2008, zog ich bei ihnen ein. Es war ein ständiger Wechsel zwischen Krankenhaus, Christophsbad und meinem Zimmer. Ich habe viel durchgemacht, aber die Ärzte und Schwestern waren gut. Meine tüchtige Schwiegertochter plante sehr schnell. Sie ergatterte noch eine 2-Zimmer-Wohnung für mich beim ‚Betreuten Wohnen‘ im Seniorenzentrum Hattenhofen, wo ich Ende 2008 einziehen konnte. Hier habe ich eine wunderbare Aussicht auf das Dorf und den Albtrauf, und meinem Sohn und seiner Frau kann ich zuwinken. So habe ich beides: Hier kann ich selbstständig sein und schalten und walten, wie ich will, bin aber auch schnell mit meinem Rollator bei meinem Sohn. Ich habe mich so gut erholt, dass ich mir selber kochen kann, was ich

will. Und ich kann entscheiden, an welchen Angeboten des Hauses ich teilnehmen will. Gerne gehe ich zum Singen religiöser Lieder mit Herrn Benicke, aber auch die fröhlichen Lieder mit Herrn Braun gefallen mir. Frau Ockert überrascht uns jede Woche mit einem anderen Thema. Wir singen, machen Bewegungen mit Chiffontüchern, lesen Zeitung und diskutieren darüber. Auch das Gedächtnistraining bei Frau Wahl macht Freude und fordert einen. Ich mag die Kuchen der Hattenhöfer Frauen 14-tägig in der Cafeteria.

*Seniorenzentrum Hattenhofen*

Einmal wird der Tag kommen, wo ich nicht mehr kann. Aber ich habe keine Angst vor dem Tod. Ich bin sehr gläubig und denke den ganzen Tag an Gott, dass er mir hilft. Wie oft in meinem Leben bin ich schon bewahrt worden! Dafür bin ich sehr dankbar."

Margot Rust, *geschrieben 2012*

## ... Motor der Ökumene

Dass es in Hattenhofen eine lebendige, aktive Ökumene gibt, ist zu einem großen Teil Brigitte Dursch aus der katholischen Kirchengemeinde zu verdanken. Sie zog 1983 mit ihrer Familie nach Hattenhofen. Die älteste Tochter Julia wurde durch Pfarrer Tallafuß klassisch auf die Erstkommunion vorbereitet. In Nordrhein-Westfalen gab es das Modell der „Tisch-Mütter", die in ihrem eigenen Wohnzimmer kleine Gruppen zur Erstkommunion führten. Dieses Modell wurde 1988 bei der zweiten Tochter Verena übernommen. Später lag auch die Firmvorbereitung in der Hand von Laien.

1986 lud die Gemeinde zum 1. St.-Martin-Spiel ein. Die Mantelteilung wurde von Kindern aus der katholischen und evangelischen Kirchengemeinde gespielt. Es ist bis heute ein besonderes Ereignis. Seit 1993 engagieren sich junge Frauen bei einem monatlichen Kindergottesdienst.

Katholische Flüchtlingsfamilien brachten den Brauch des „Dreikönigssingen" ins traditionell evangelische Dorf. Brigitte Dursch ließ diesen schönen Brauch wieder aufleben, und so ziehen zu Beginn des Jahres evangelische und katholische Kinder singend von Haustür zu Haustür. Sie sind am Ende reich an Erfahrungen für die notleidenden Kinder weltweit.

Und wieder zeigte sich ein neues Projekt: die Kinderbibel-woche, die unter Pfarrer Häußler konfessionell zusammen-geführt und ins Schülerferienprogramm aufgenommen wur-de. Ebenso hat sich der „Ökumenische Kindertag" etabliert, der sich aus der Weltgebetstagsarbeit der Frauen speist. Frau Bantel war jahrelang für den Weltgebetstag verant-wortlich. Nach dem Generationenwechsel ist Brigitte Dursch auch hier initiativ. Aus der Weltgebetstagsarbeit zu Ägypten erwuchs wiederum die Notwendigkeit, Friedensgebete, vor allem für den „Arabischen Frühling", ins Leben zu rufen. Und aus der Zusammenarbeit mit Pfarrer Khonde aus dem Kongo ergab sich das „Boma-Projekt". Mit den gesammel-ten Geldern können durch den Bau von Schulen und Werk-stätten Fluchtursachen behoben werden. ... und dann noch die Arbeit in der Erwachsenenbildung, es sei an Anselm Grün und die „Groupo Sal" er-innert ... und die Arbeit im Kirchengemeinderat von 1990-2015, der nun leider mangels Kandi-dat/innen ruhen muss. Ihr Wunsch bleibt: Dass sich mehr junge Familien da-für engagieren, unsere wertvollen christlichen Traditionen in einem bun-ten Gemeindeleben wei-terzugeben.

*Sternsinger*

Brigitte Dursch, *geschrieben 2016*

### ... gelebte Ökumene

„‚Was hast du deinen Nächsten gegeben?‘ Diese Frage meiner Mutter, trotz schwerer Zeiten, habe ich mir zu Herzen genommen. Und das nach einem unsteten Leben. Kurz vor meinem 8. Geburtstag wurden wir nach Kriegsende aus dem Sudetenland vertrieben. 6 Jahre verbrachten wir in Thüringen. Dann kam ich zur höheren Schule ins Ursulinenkloster in Erfurt, was damals ein Mädchenpensionat war.

Die kaufmännische Lehre danach war die Grundlage meiner Berufstätigkeit. Denn eine 2. Flucht stand an: die in den Westen. Nach 2 Jahren in Selb im Fichtelgebirge bei Verwandten konnte ich wieder zu meiner Familie ziehen, die in Albershausen untergekommen war. Hier schlug die Liebe zu, ich lernte meinen Mann kennen, wir heirateten 1962, und so wurde Hattenhofen meine Heimat, die ich in 55 Jahren so sehr schätzen gelernt habe. Mein Mann leitete die Volksbank. Unsere drei Kinder sind hier geboren, und an

den Nachbarn hatten wir eine herzliche Hilfe, besonders, als ich an der Evangelischen Akademie in Bad Boll halbtags arbeitete. Dort lernte ich eine intensive Religiosität kennen. Statt hastig hingesprochenen vorformulierten Gebeten erlebte ich nun Ruhe und konnte beim Beten mitdenken. Die Ökumene wurde mir selbstverständlich. In unserer katholischen Kirchengemeinde begann Hermine Kübler mit den Taizé-Gebeten. Gerne sagte ich meine Mithilfe zu. Die Kirche wurde mit Lichtern und Ikonen geschmückt. Diese Gebete stärken mich im Alltag.

‚Was hast du deinen Nächsten gegeben?'

Das fragte ich mich auch im Ruhestand. So begann ich auf Wunsch von Pfarrer Amann mit dem Besuchsdienst in der Klinik am Eichert. Nach einer Ausbildung an 20 Abenden besuche ich seitdem katholische Gemeindeglieder. Ich höre zu, bete manchmal mit ihnen, und in diesen oft bitteren Situationen erlebe ich trotzdem Freude, Bereicherung und Dank.

Aber nun muss ich leider etwas langsamer tun, auch bei meinen Besuchen bei unseren Asylbewerbern, denn meine Herzoperation braucht Zeit zur Heilung. Aber mein Glaube trägt mich."

Erika Pawel, *geschrieben 2017*

## ... weltweite Ökumene

Kann es sein, dass mir diese strahlende Beatrix Vatheuer gegenübersitzt, mit der Diagnose ALS, mit schwächer werdender Muskulatur, im Rollstuhl! „Es bleibt doch mit schlechter Laune genauso. Dann denke ich lieber positiv!" So ist ihre klare Antwort, während ihr Mann geübt ihren Rollstuhl in den schönen Garten schiebt und die Nachbarin Gaby einen Eiskaffee serviert. „Mein Leben war so reich!"

Sie hat viel gewagt, erlebt, durchlitten. Als die Firma Höchst ihren Mann 1964 nach Südafrika abordnen wollte, hat sie sich zuerst einmal gründlich informiert. Und dann, ja dann blieben sie 12 Jahre in verschiedenen Städten Südafrikas. Ihre vier Kinder wurden dort geboren und erlebten eine glückliche Kindheit. Beatrix konnte sich ihr Leben aktiv selbst gestalten. Nur, als sie den einheimischen Bediensteten, die den Europäern in Haus und Garten zur Hand gingen, mehr Lohn bezahlen wollte, kam das gar nicht gut an. „Ihr verderbt uns die Preise", wurde sie gescholten. Gerne erinnert sie sich an die Reise nach Namibia, an die Wüste, deren Farbe sich ständig änderte, bis zu dem warmen Goldton am Abend. Beeindruckend waren auch die  Tiere, nur nicht die Nashörner, die ihnen in stattlicher Größe folgten.

Wieder zurück in Deutschland musste die kleine Anke sich erst daran gewöhnen, wieder in Schuhen herumtoben zu müssen. Dann wurde 1979 mit dem Bau des schönen Hauses Hattenhofen zur neuen Heimat, wo sich das Ehepaar

Vatheuer bis heute wohlfühlt. Ihre eingesetzte Herzlichkeit kommt nun vielfältig durch die hilfreiche Nachbarschaft zurück. Und da sind auch noch die Kontakte zur Evangelischen Akademie Bad Boll, wo sie 19 Jahre lang ihre Fähigkeiten als Tagungssekretärin zur Freude aller einsetzen konnte. Und daneben ihr Engagement in der katholischen Kirche und in der Sprachhilfe für ausländische Frauen. Ihr tiefer Glaube war besonders gefordert, als ihre Tochter Ines mit deren Mann bei einem schrecklichen Verkehrsunfall ums Leben kam. „Aber da war der Gott, an den ich mich

wenden konnte. Und dem ich vertraute, dass er mir hilft." Dieser Trost und die gemeinsame Trauer mit der Familie ihres Schwiegersohnes bestimmten lange Zeit ihr Leben. „Nun schaue ich in die Zukunft. Ich will doch nicht stehenbleiben!" Und sie strahlt weiter. Und hofft nach Corona auf eine weitere abenteuerliche Urlaubsreise.

*Ev. Akademie Bad Boll*

Beatrix Vatheuer, *geschrieben 2021*

### ... als Gemeindereferentin

„Wie hoffnungsvoll war ich doch nach meinem Studium der katholischen Theologie, das ich 1980 abschloss: Im Hinblick auf Ökumene und Mitverantwortung von Frauen schien sich einiges zu bewegen. Aber von oben lief es leider rückwärts. So waren und sind wir ‚von unten' gefragt.

Ökumenisch arbeiten wir in der Kinderbibelwoche, beim Weltgebetstag und bei den Sternsingern intensiv zusammen.

Und wir Frauen bereiten die Kinder eigenverantwortlich auf die Kommunion vor. Die Mütter der Kommunionkinder in unserer Seelsorgeeinheit Hattenhofen, Bezgenriet, Jebenhausen und Faurndau unterrichten die Kinder. Ich habe dafür verschiedene Modelle ausprobiert und dann ein eigenes Modell entwickelt: spielerisch, dem Alter angemessen, informativ, aber nicht verkopft. An ganzen Tagen geht es dann auch um die Taufe oder um Buße / Beichte. Da diese Vorbereitung zeitlich begrenzt ist und dem eigenen Kind zugute kommt, erklären sich Mütter gerne zur Mitarbeit bereit. Einige bleiben sogar über mehrere Jahre dabei.

Nach der Kommunion habe ich dann die Verantwortung für die Ministrantinnen und Ministranten. Die Kinder werden aktiv in den Gottesdienst einbezogen. Im liturgischen Gewand ziehen sie mit dem Priester in den Gottesdienst ein. Sie tragen die Kerzen, bereiten die Gaben für die Eucharistie vor und versorgen sie, danach sammeln sie das Opfer ein. Diese zur Zeit etwa 13 jungen Menschen kennen den genauen Ablauf und sind gut geübt darin. Aber ich übernehme die Planung und auch die Pflege der Gemeinschaft untereinander und mit den Eltern, z.B. durch einen Brunch zwischendurch.

*Kath. Kirche Hattenhofen*

Neben dieser hauptamtlichen Arbeit in der katholischen Kirchengemeinde habe ich neben unseren drei Kindern auch etwa 100 Kinder als Tagesmutter von ganzem Herzen begleitet. Und bis heute betreue ich noch ältere Menschen. Das war und ist meine Art, meinen Glauben zu leben."


Edith Knoblauch, *geschrieben 2019*

## … im Kirchenchor

„Was mir Freude macht? Singen und gestalten, kochen und organisieren. Das alles habe ich gerne in unsere Kirchengemeinde eingebracht. Bereits 1980 besuchte ich den Kirchenchor unter Dr. Hanisch. Das waren noch Zeiten! Wir waren fast 30 Sängerinnen und Sänger! Danach brachte uns Gerald Buss in Schwung mit Chorwochenenden und Freizeiten. Was gab es für tolle Konzerte mit Instrumentalisten und Solisten! Unter wechselnder Leitung z.B. von Frau Schmid und Frau Fütterer wurden wir leider immer weniger. Mit Frau Katsnelson als anspruchsvoller Chorleiterin und Solosängerin gab es einen letzten Aufschwung, bis sich der Chor im Juli 2011 auflöste. Aber der Zusammenhalt war so stark, dass wir uns bis heute jeden Monat zum Stammtisch treffen. Denn die Geselligkeit durfte neben dem Singen nie zu kurz kommen. Mit großer Freude sorgte ich durch jahreszeitlich geschmückte Tische für einen stimmungsvollen Hintergrund. Mein Interesse an Kunst konnte ich auch beruflich in der Gärtnerei Berner einbringen. Für die Kirchen-

gemeinde passte es genau zu meinen Vorlieben, zum Ökumenischen Weltgebetstag der Frauen ab 2004 eine künstlerische Mitte zu gestalten, mit ausgesuchten Pflanzen, farbigen Tüchern und den passenden Symbolen zu jedem Land. Und ab 2011 war dabei auch meine Begeisterung am Kochen gefragt. ‚Essen und Infos' nannten sich die Abende, an denen ich landesspezifisch

kochte – mit Vorspeise, Hauptgericht und Nachtisch. Und auf das jeweilige Land war auch die Tischdekoration ausgerichtet.

Für das leibliche Wohl zu sorgen, das machte ich auch für Kinder: am Ökumenischen Kindertag und an den Kinderbibeltagen freuten sie sich an belegten Brötchen und Hefezopf, an Obstspießen und sogar an Spaghetti Bolognese. Das alles musste natürlich gut organisiert werden, im Stillen hinter den Kulissen. Dann wurde ich auch zuständig für die Finanzen unseres Kirchenchores. Dazu gehörte es, um Spendengelder für unsere Konzerte bei den Hattenhöfer

Firmen zu werben. Organisation war auch in meiner Funktion als Abteilungsleiterin im Frauenturnen gefragt. Ach ja, ich war ja auch 5 Jahre lang im Gemeinderat! Jetzt bin ich im Ruhestand, aber so ganz kann ich es nicht lassen, eine Atmosphäre zu schaffen, wo sich meine Mitmenschen wohlfühlen."

*Weltgebetstag Suriname*

Josefine Wöhrle, *geschrieben 2018*

## ... als weltoffene Chorleiterin

Das Geheimnis des Atems hat sich mir nirgends so reich erschlossen wie im Leben von Gabriele Grabinger. „Gott gab uns Atem, damit wir leben" ... „und singen", würde sie ergänzen. Die „Murphy Singers" aus Stuttgart können davon jahrzehntelange Lieder singen. Ein Gospel-Chor? Das wäre eine Einengung. Bei der Vielfalt an Liedern, von hier bis weltweit! Neben „Und die Welt ist doch schön" ein Gospel „Amazing grace", es erklingt die Beatles-Variante „Imagine", und ein wunderbarer Fund, das Vaterunser auf Suaheli. Und die neue Weihnachts-CD beginnt mit „Ich steh an deiner Krippen hier" und enthält daneben ein Lied über „Long Wolf", der in England anonym begraben wurde und nach langem Suchen endlich ins Land seiner Vorfahren in den USA gebracht werden konnte.

Der Atem verbindet uns, uns Menschen aus aller Welt. Dafür steht der „Chor mit Herz und gutem Ton". Und was „guter Ton" ist, bestimmen nicht enge Konventionen, sondern eben „das Herz". Atem verbindet, Singen verbindet auch die Sängerinnen und Sänger des Zeller Liederkranzes seit 1985 mit ihr. Menschen, die singen  können? Das würde Gabriele Grabinger nicht genügen. Haben Sie schon von den „Schultes Harmonists" gehört? Sie hat tatsächlich die Bürgermeister unserer Voralb-Gemeinden gemeinsam singend und tanzend auf die Bühne gebracht. Da darf der Unterhaltungsfaktor gerne größer sein als die sängerische Qualität.

Und der „Mann am Klavier" dabei ist ihr Mann Peter Grabinger, vielen bekannt als Musikredakteur des Süddeutschen Rundfunks und der Show „Pop und Poesie in Concert". Durch diese Stelle kam die Familie in die „Perle des Abendlandes", wie sie unser unvergleichliches Hattenhofen benannt hat. Die drei jetzt erwachsenen Kinder wuchsen hier auf, verbunden mit der Natur und mit einem türkischen Nachbarsjungen als Freund. Der Atem verbindet, Singen verbindet. Und wenn schon Bürgermeister zum grenzüberschreitenden Singen gebracht werden können, warum nicht unsere Parteivorsitzenden? Oder stellen Sie sich ein Konzert mit Frau Baerbock, Selenskyj, Putin, Erdogan, Trump, Biden, König Charles III. vor! Na ja, nicht morgen, aber irgendwann, wer weiß? Gabriele Grabinger hat auf jeden Fall vor Ort mit Versöhnung durch Singen angefangen. „Imagine", wir können es uns ja schon mal vorstellen.

Gabriele Grabinger, *geschrieben 2022*

### … als Mitarbeiterin

Was Nicoleta Griesinger Freude macht, frage ich sie. „In Gemeinschaft meine Kreativität entwickeln", ist ihre Antwort. Das kann sie nach Herzenslust in der Hattenhofer Kirchengemeinde.

Angefangen hatte es in der Krabbelgruppe mit ihrer Tochter und dann den Zwillingen. Ob sie sich denn vorstellen könne, irgendwo mitzuarbeiten? Von der Familienkirche führte sie der Weg zu den „Farbtupfern". Zu einem Thema des christlichen Glaubens werden gemeinsam in der Vorbereitung Bilder entwickelt. Diese tauchen dann im Alltag als hilfreiche Erinnerungen auf. „Sie helfen mir, gelassen und ruhig zu werden und geben mir Kraft."

Als Beispiel dafür, was in den „Farbtupfern" geschieht, erzählt sie vom Ablauf zu „Unser tägliches Brot gib uns heute." Ganz konkret sitzt man um den Brotteig herum. „Wir bekommen Brot als großes Geschenk – und müssen auch selber etwas dafür tun." Also wird individuell Gebäck geformt, ausgebacken. Und dann die Aufgabe, es weiter zu verschenken. Mit der Folge, dass sie wiederum Kuchen aus der Nachbarschaft bekommt. Leben als Nehmen und Geben!

„Nur zu Hause zu sein ist mir zu wenig. Es tut mir einfach gut, Zeit zu verschenken und Kraft zurückzubekommen." So führte sie ihre Kreativität zur Darstellung der Muhme Lene im Luthermusical 2017. Und auch in der Kinderbibelwoche ist sie in manche Rolle geschlüpft.

Teil einer Gemeinschaft zu sein, das erlebt Nicoleta Griesinger auch beim Spiel der afrikanischen Trommel, der Djembe: „Jedes Instrument hat seinen einfachen Rhythmus. Es gilt, aufeinander zu hören. Dann entsteht ein mitreißender gemeinsamer Rhythmus. Ohne Perfektion, aber mit viel Freude."

Und jetzt setzt sie sich wieder an die Nähmaschine, um Kostüme für die kommende Kinderbibelwoche anzufertigen. Voll Freude!

Nicoleta Griesinger, *geschrieben 2023*

### ... als Mesnerin

„Dienet dem Herrn mit Freuden."

„Mein Konfirmationsspruch wurde zu meinem Lebensmotto. Pfarrer Tangermann hat mich in der evangelischen Diaspora in Reichenbach im Täle getauft und konfirmiert. Er hat das Lied ‚Vergiss nicht zu danken dem ewigen Herrn' (EG 608) geschrieben. Dort waren für mich als ‚halbe Älblerin' Gottesdienste und Bibelstunden selbstverständlich.

1974 heiratete ich nach Hattenhofen. Durch die Anfrage von Pfarrer Egerer kam ich von 2003 – 2015 in den Kirchengemeinderat.

2003 habe ich auch als Mesnerin angefangen, zuerst ehrenamtlich mit Ursel Bader und Elo Frank-Gaul, später mit Wiebke Gerst und nun mit Frau Vix. Ich gehe gerne in die Kirche, ich kenne die Leute und sie mich, und ich weiß, wo sie hinsitzen wollen.

Weil ich gerne singe, war ich etwa 10 Jahre im Kirchenchor. Aber die Verbindlichkeit – jeden Montag – war etwas viel. Doch beim Luther-Projektchor habe ich wieder mitgesungen. Jetzt bin ich auch froh, wenn ich abends meine Ruhe habe. In Hattenhofen fühlte ich mich anfangs wie ‚reigschmeckt', aber nach der Geburt von Sabrina 1983 gab es schnell

Kontakte über den Kindergarten, die Schule und die Kinderkirche. Weil die Oma im Haus wohnte, konnte ich wieder berufstätig werden, im Büro beim Beuttenmüller, in sehr familiärer Atmosphäre. Dort blieb ich bis zu meinem Ruhestand.

Nach der Pflege meiner Schwiegermutter freue ich mich jetzt an meiner Enkeltochter.

Unser großes Hobby ist der Motorsport im Uhinger Verein. Das ist ein guter Ausgleich.

*Erntedankaltar*

‚Dienet dem Herrn mit Freuden.' Die Freude ist mir in all den Jahren geblieben."

Elli Ortwein, *geschrieben 2019*

### ... als Kirchenpflegerin

„Hier im Dorf Hattenhofen, in dieser Kirchengemeinde fühle ich mich wohl. Da möchte ich etwas machen!" Und nun ist Babette Kornherr seit 2015 Kirchenpflegerin, das heißt, sie ist für die Finanzen zuständig. Das fällt ihr als gelernte Industriekauffrau leicht. „Im Kirchengemeinderat erlebe ich engagierte Menschen, die besonders durch die so gelungene Kirchenrenovierung gefordert waren."

Babette Kornherr ist mit der Kirche groß geworden, durch ihre Mutter, die ehrenamtlich 40 Jahre lang tätig war, und zwar auf einem kleinen Dorf bei Leipzig. Nachbarschaftliche Hilfe war dort in der damaligen DDR selbstverständlich. In der Kirche machte die Teilnahme am Krippenspiel jahrelang Freude. Die Mitglieder der Jugendgruppe leiteten selbstständig die Kinderstunde, in guter Zusammenarbeit mit dem Pfarrer, der für mehrere Gemeinden zuständig war.

Von politischen Repressionen bekam sie dort wenig mit, bei der Wende war sie ja erst 9 Jahre alt. Und es waren damals

11 Konfis! Leider werden auch dort die Gemeinden kleiner. 2001 kam sie wegen der Arbeit nach Stuttgart und lernte hier ihren Mann kennen. Aber in der Stadt und in den Gottesdiensten fühlte sie sich fremd. Ihre Kinder sollten wie sie selbst in einem Dorf aufwachsen, und da kam Hattenhofen gerade recht.

Mit ihrem jetzt 7-jährigen Sohn erlebte sie die erhoffte Gemeinschaft der Mütter und der Kinder untereinander. Bei den „Kleinen Strolchen" setzten sich die Kontakte an zwei Vormittagen in der Woche fort. „Das reichte, denn ich wollte ja seine Entwicklung nicht verpassen." So machte sie es auch mit der jetzt 4-jährigen Tochter.

„Für die Zukunft sehe ich große Hoffnungen in der Kinder- und Jugendarbeit. Mit der Jungschar ist ein Grundstock gelegt worden. Und die Konfirmandinnen und Konfirmanden können in den Gottesdienst einbezogen werden, vielleicht beim Lesen der Fürbitten. Damit hatte ich selbst so gute Erfahrungen in meiner Jugend gemacht."

Babette Kornherr, *geschrieben 2021*

## ... als Sekretärin und im Musical

„Meine Begegnung mit der ev. Kirchengemeinde Hattenhofen begann 2001 mit dem Besuch der Krabbelgruppe. Als diese zu voll wurde, gründeten Sonja Döppert und ich eine weitere. Sie führte von meinen Ämtern als ‚halbe' Mesnerin und als Pfarramtssekretärin zur Mitarbeit ‚ganz nebenbei' in der Abendkirche, beim Adventsverkauf und beim Austragen des Gemeindebriefes. Seit 2014 bieten Esther Vix und ich das Frauenfrühstück ‚Farbtupfer im Alltag' und den Glaubenskurs ‚Religion für Erwachsene' an, bei denen wir uns Bibelstellen und Texte anhand von Bodenbildern erarbeiten.

Dieses Jahr 2017 war erfüllt von der Vorbereitung des Luther-Musicals. Die meisten von uns waren komplett ungeübt und kaum chorerfahren. Wir mussten uns daran gewöhnen, Atemtechniken zu erlernen und kleine Hilfen zu erproben wie ‚über die Wangen streichen' oder ein Bein während des Singens etwas anzuziehen. Oder dann eine halbe Stunde lang nur eine Zeile einzuüben. Aber irgendwann ist der Knoten geplatzt, und wir konnten immer befreiter singen. Der Zusammenhalt wuchs. Und der Spaß kam auch nicht zu kurz. Musika-lisch wie menschlich war eine starke positive Entwicklung spürbar. Später kam die Band dazu. Wir mussten uns neu zusammenfinden, aber es war eine Bereicherung, und es hat die Lieder abgerundet. Und dann kam der Auftritt. Mann, waren wir nervös! Nur gut, dass wir von den Scheinwerfern so geblendet waren, dass wir nur die ersten Reihen und nicht das ganze Publikum sehen konnten.

Unsere Reaktion hinterher: Das würden wir sofort wieder machen! Der Chor war prima, die Band ebenso, die Schauspieler/innen waren unbeschreiblich gut. Die Gestaltung der Lutherstube war regelrecht detailverliebt.

**Martin Luther. Das Musical.**

Es gewährt Einblick in Luthers Familienleben, seine Überzeugung, seinen Glauben und seine Zeit. Komponist ist der in Bad Boll aufgewachsene Theologe und Liedermacher Heiko Bräuning.

Anlässlich des 500 jährigen Reformationsjubiläums führen Christen verschiedener Konfessionen aus Hattenhofen und Bezgenriet das Musical am 21. Oktober 2017 in der Sillerhalle Hattenhofen auf.
Theatergruppe, Band, Bühnen- und Kostümgestaltung und ein Projektchor aus Erwachsenen und Kindern haben seit über einem Jahr das Musical vorbereitet.

Wir freuen uns auf Ihren Besuch!

Eintritt: 12 Euro (ermäßigt 8 Euro) im Vorverkauf.
An der Abendkasse: 14 Euro (ermäßigt 9 Euro)

Karten zum Vorverkauf gibt es bei der Kreissparkasse in Hattenhofen und beim Ev. Pfarramt, Höfle 10, 73110 Hattenhofen, Tel. 07164 | 22 51,
E-Mail: Pfarramt.Hattenhofen@elkw.de.

Durch das Zusammenspiel bekamen die eingeübten Lieder noch einen tieferen Sinn und Inhalt. Denn die Musik hatte den Inhalt des Stückes aufgegriffen und verstärkt. Mir gefiel dabei besonders, dass die Lieder so unterschiedlich waren, sozusagen vom Choral bis zu Rockmusik. Und nun? Ob wir weitermachen?

Jetzt steht wieder der ‚Lebendige Adventskalender' an, schon seit 2013. Ich freue mich sehr auf die acht Termine! Und auf die Gäste!"

Wiebke Gerst, *geschrieben 2017*

## … als neue Sekretärin

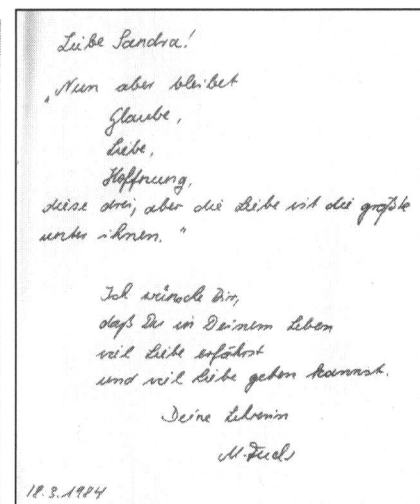

Diesen Eintrag in ihr Poesiealbum hatte Sandra Stark gefunden.

„Viel Liebe habe ich in meinem
Leben durch meine Familie und
Freunde erfahren und gebe die-
se gerne weiter."

„Vieles gelingt mir gut. Aber ich
kann auch loslassen, wenn etwas nicht mehr stimmt. Oder
neue Aufgaben übernehmen, die
sich mir zeigen." So etwa war die
unaufgeregte Bilanz ihres Le-
bens, wie es Sandra Stark erzählte. Seit 2020 spielt sie in
unserer Evangelischen Kirchen-
gemeinde als Pfarramtssekretärin eine wichtige Rolle. Dafür

hatte sie ihre gute Stelle als Bilanzbuchhalterin bei der Stadt Göppingen aufgegeben. Warum? „Es wurde einfach zu viel. Immer mehr Aufgaben kamen dazu, dann noch Corona mit den verschiedensten Herausforderungen. Da kam die freie Stelle mit 30 Prozent im Pfarramt genau richtig!" Eine Kraftquelle war ihr ab 1984 der Musikverein. Lange spielte sie dort Klarinette. Nach Corona war es auch hier Zeit zum Loslassen. Aber das Amt, das sie seit 2000 als Kassiererin ausübt, ist ihr weiterhin wichtig. Und im Musikverein hatte sie ja auch ihren Mann kennengelernt. Mit der Jugendclique gehen sie bis heute gerne wandern, feiern und auf Reisen. Und dazwischen freut sie sich an ihrem großen Garten – und an ihrem 1-jährigen Enkelchen Luca.

Und so ganz nebenbei erzählt Sandra Stark noch, dass sie auch in der Hospizarbeit aktiv ist! Durch mehrere Aufenthalte im Olgahospital stellte Frau Stark fest, wie schwer es die Geschwister von schwerstkranken Kindern hatten. Sie waren ohne Hilfe dem Geschehen ausgeliefert. „Zufällig" gab es 2019/20 einen Kurs bei den Maltesern im ambulanten Kinder- und Jugendhospizdienst. Und so begleitet sie gerade wöchentlich eine belastete Familie. Und alle 2 Monate leitet sie eine Trauergruppe. „Ich will meinen Teil dazu beitragen, auch wenn ich weiß, dass ich das Schicksal nicht ändern kann."

Und jetzt wurde sie auch noch mit vielen Stimmen in den neuen Gemeinderat in Hattenhofen gewählt. „Ich möchte mich vor allem für die Gemeinschaft einsetzen. Bewährtes muss bleiben. Und vielleicht kommt manches Neue dazu." Wie gut, dass es diese offene, engagierte Frau hier gibt!

Sandra Stark, *geschrieben 2024*

## ... als Kirchengemeinderätin

„Wie schön ist es, jeden Tag draußen in der Natur zu beginnen, mit unserem Hund. Neben der Bewegung habe ich Zeit für mich und kann meinen Gedanken freien Lauf lassen: Zu meinem Mann, zu unseren beiden Töchtern in Freiburg und Karlsruhe und meinen drei Schwestern.

Danach geht es nach Esslingen zur Arbeit als Kaufmännische Betriebsleiterin der Stadtentwässerung. Meine Kompetenzen im Umgang mit Zahlen und Vorschriften kann ich wiederum in den Kirchengemeinderat einbringen. Seit der Wahl im Jahr 2013 bin ich zweite Vorsitzende. Mich reizt es bis heute, die Gemeinde mitgestalten zu können. Gerade haben wir unsere Klausur im Stift in Bad Urach verbracht. Unser Thema war die Relevanz und Wahrhaftigkeit von biblischen  Aussagen. Der Austausch dazu tat in unserer netten Gemeinschaft einfach gut. Bei den Sitzungen stehen ja oft Verwaltungsaufgaben an: Haushaltsplanung, Personalthemen, lange Zeit die Innenrenovierung der Kirche, alle sechs Jahre der Pfarrplan. Wir diskutierten über Formen des Abendmahls. Jetzt geht es darum, wie wir Mitarbeitende gewinnen können. Stichwort Mitarbeiter: Hätten Sie nicht Lust, sich mit Ihren Talenten in der Kirchengemeinde einzubringen? Gerade übernimmt der Kirchengemeinderat die Aufgaben des Mesners, bis wir jemanden gefunden haben.

Die Pfarrhaussanierung steht an. Bald ist die nächste Wahl …

*Klausurtagung Kirchengemeinderat*

Besondere Freude macht mir die Mitarbeit in der Abendkirche. Der letzte Abendgottesdienst zum Thema Frieden, nach 2 Jahren Krieg in der Ukraine, ist mir besonders nahe gegangen. Gerne erinnere ich mich an einen Gottesdienst mit den Liedern von Paul Gerhardt. Die Besucher hatten Spaß am Singen und Erraten der bekannten Lieder. Überhaupt die Musik! Ein Highlight für mich war das Luther-Musical. Seitdem singe ich in unserem Chor mit.

Den Grund für meinen Glauben und für mein Engagement hat meine Familie in Eschenbach gelegt. Kinderkirche, Jungschar, erst als Teilnehmerin, dann als Leiterin. Ich kann aus vollem Herzen sagen: Der Glaube war immer schon Halt in meinem Leben, besonders in schwierigen Zeiten."

Andrea Stritzel, *geschrieben 2024*

## ... als Pfarrfrau mit Stimme

„Als Pfarrfrau und Mutter von fünf Kindern habe ich meinen Beruf als Lehrerin zuerst einmal vor allem in Familie und Gemeinde eingesetzt. Aus Freude an der Arbeit mit Kindern unterrichtete ich eine Weile Religion in der Grundschule. Da konnte ich meine Kreativität entfalten, zum Beispiel mit Bodenbildern. ‚Jeder Eindruck braucht einen Ausdruck‘, das hatte ich bei Franz Kett gelernt, das durfte/darf ich zuerst mit Wiebke Gerst und bis heute mit Nicoleta Griesinger in Kursen und ‚Farbtupfer‘-Frühstücken auch an Erwachsene weitergeben. Denn ‚die Seele lebt in Bildern‘. So basieren auch unsere Gottesvorstellungen auf Bildern, zum Beispiel dem vom guten Hirten. Aber dafür braucht es Gottesbegegnungen. Die kann ich natürlich nicht herstellen, aber dafür den Raum bereiten, zum Beispiel in der Minute Stille zu Beginn einer Reli-Stunde, in der die Kinder überhaupt zu sich finden, oder beim Singen. Diese Achtung vor dem Größeren hatte mir schon mein Vater bei der Gartenarbeit vermittelt. Er tat sein Bestes und sagte dann ‚Wird's was – oder nichts!‘ Nach der Arbeit konnte er nur warten, was ihm gegeben wird. Dazu gehört auch,

von anderen ernten zu dürfen, von den uralten biblischen Geschichten, die so viele Menschen vor uns durch ihr Leben getragen haben. So zeigt die Geschichte von Kain und Abel, was geschehen kann, wenn man seinen Bruder nicht in den Blick nimmt. Das könnte meinen Acht-Klässlern helfen, die ukrainische und russische Verwandte haben und Spaltung in den Familien erleben.

In meiner großen Herkunftsfamilie lernte ich auch die Gemeinschaft, die Vielfalt schätzen, trotz aller Herausforderungen. Wie später in Taizé: Was eint dort über die unterschiedlichen Sprachen und Herkünfte hinweg? Das Singen, die Stille, die Bibeltexte.

**Wir folgen dem Stern**
auf der Suche nach dem Königskind

Herzliche Einladung
zum Weihnachtsmusical

am 16. Dezember um 10.30 Uhr
in der Ägidiuskirche

Der helle Stern zeigt die Geburt eines großen Weltenherrschers an, davon sind die weisen Männer aus dem Morgenland überzeugt. Ins Ungewisse hinein ziehen sie los und erleben in der Begegnung mit dem Jesuskind und seinen Eltern Maria und Josef, dass ihr Mut und ihre Hoffnung sich gelohnt haben.

Einige Kinder haben sich seit den Herbstferien mit den Sterndeutern auf den Weg gemacht und mit viel Begeisterung Lieder und Texte des Musicals einstudiert.

**Begleiten Sie uns auf dieser Reise.**

Und auch im Weihnachtsmusical erleben dies die Kinder: Jede/r hat einen Platz in der Gruppe. Man darf sich in einer Szene zeigen, wird herausgehoben, um dann wieder zugunsten anderer zurückzutreten. Alle sind Glieder des einen Leibes, so beschreibt es Paulus. Und deshalb beten wir auch ‚Vater unser‘ und sind Teil einer großen Gemeinschaft.“

Esther Vix, *geschrieben 2023*

## … als Aufzeichnerin der Geschichten

„Und was hätte ich über mich erzählt?
Mich hat es immer interessiert, wie Menschen, besonders Frauen, ihr Leben gelingt. Aus welchen Kräften speist sich ihr Leben? Aus ihrer Familie? Aus Freundschaften? Aus der Natur? Aus einer Gottesbeziehung? Denn bei den Gesprächen in der Nachkriegszeit – ich bin 1946 geboren – bin ich mit

vielen Schicksalen aufgewachsen. Mit 14 Jahren war ich durch den Tod meines Vaters schnell mit der Endlichkeit konfrontiert. Ich schloss mich evangelikalen Kreisen an, aus deren Enge ich mich später lösen konnte. Aber der Glaube blieb meine Kraftquelle. Ich wurde GHS-Lehrerin und unterrichtete auch am Lehrerseminar in Nürtingen evangelische Referendar/innen. 1970 heiratete ich als Flüchtling einen echten Schwaben. Wir bekamen zwei wunderbare Kinder. Unsere neue Heimat wurde Hattenhofen, wo wir unser Haus bauten und ich Lehrerin sein durfte. Aber 1994 starb auch mein Mann viel zu früh.
Bei Heidemarie Langer lernte ich an der Ev. Akademie Bad Boll das Bibliodrama kennen. Ich absolvierte bei ihr eine Ausbildung und leite bis heute Tagungen dazu. Auch hier ist man den Menschen sehr nahe. Mit meiner katholischen Kollegin Brigitte Dursch verantworte ich ökumenisch den

Weltgebetstag, Friedensgebete und jetzt auch den christlich-islamischen Dialog.

*Weltgebetstag*

Die Arbeit im Freundeskreis Asyl seit 2015 ist inzwischen auf Notfälle beschränkt. So habe ich auch Zeit für meine drei köstlichen Enkel in der Schweiz.
Ich kann über mein reiches Leben nur sagen: ‚Und von seiner Fülle haben wir alle genommen Gnade um Gnade.'"

*Friedensgebet*

Marianne Fuchs, als Aufzeichnerin der Geschichten, *geschrieben 2024*

## Schlusswort

*Das Buch ist zu Ende.*
*Aber viele Fragen warten darauf, von Ihnen gestellt zu werden.*

- *Wie sind Sie nach Hattenhofen gekommen?*
- *Wie haben Sie Ihre Kindheit verbracht?*
- *Wie war Ihre Kindheit im Nationalsozialismus?*
- *Was hat der Krieg mit Ihrer Familie gemacht?*
- *Wie haben Sie die Schulzeit erlebt?*
- *Wie haben Sie Ihren Mann kennengelernt?*
- *Wie haben Sie Feste gefeiert?*
- *...*

*Und sicher gibt es auch Männer, die ihre verborgene Geschichte erzählen möchten...*

*Auf gute Gespräche!*
*Auf reiche Begegnungen!*
*Auf ein schönes Miteinander!*

*Und Dank allen Frauen, die ein Stück ihrer Geschichte für uns preisgegeben haben!*

*Und herzlichen Dank der Verlegerin Manuela Kinzel für die Wandlung der Vorlagen zu einem ansprechenden Buch.*